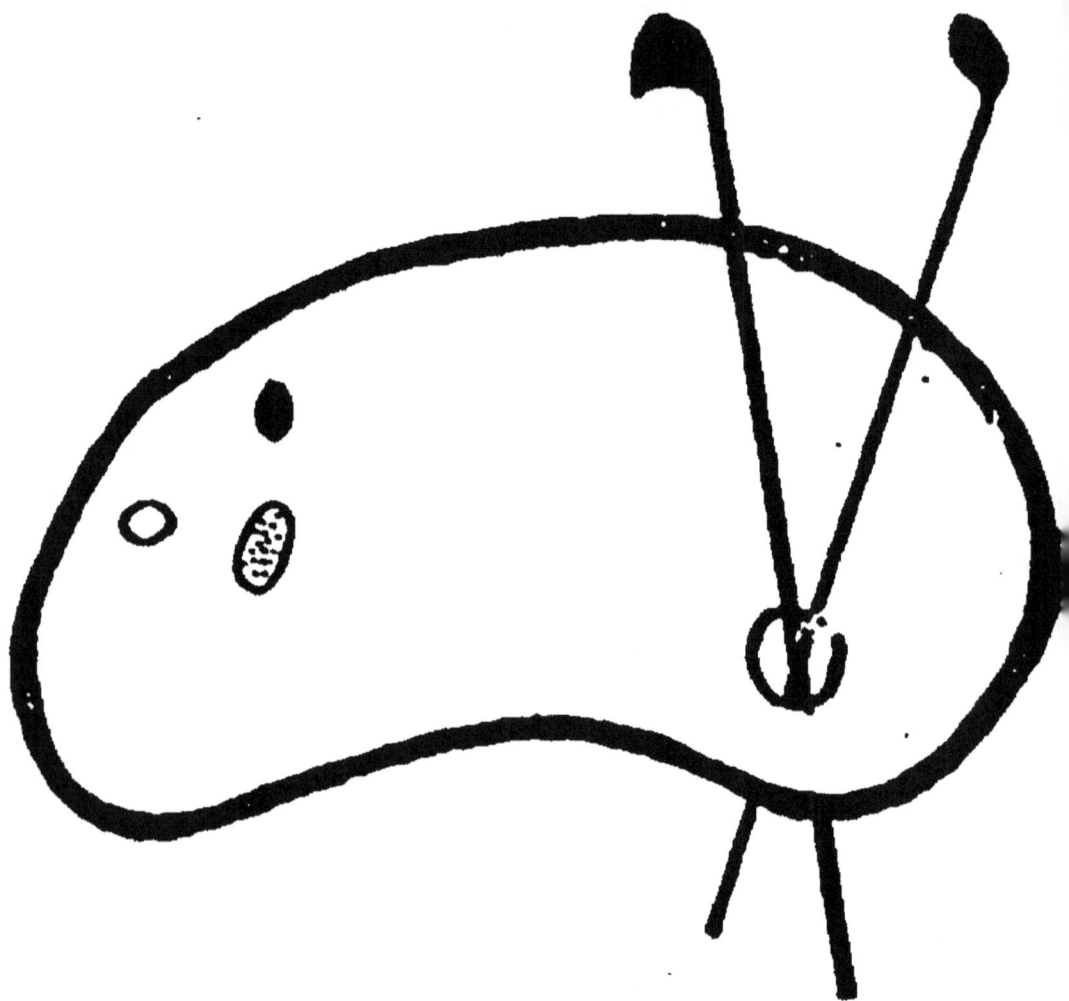

DEBUT D'UNE SERIE DE DOCUMENTS
EN COULEUR

NOTICE

GÉOGRAPHIQUE, ADMINISTRATIVE ET ÉCONOMIQUE

SUR LA

TUNISIE

PAR

ERNEST FALLOT

RÉDACTEUR AU GOUVERNEMENT TUNISIEN

ANCIEN SECRÉTAIRE

DE LA SOCIÉTÉ DE GÉOGRAPHIE DE MARSEILLE

TUNIS

Imprimerie Franco-Tunisienne, Ch. FATH, rue des Glacières, 43

—

1888

O³i
294

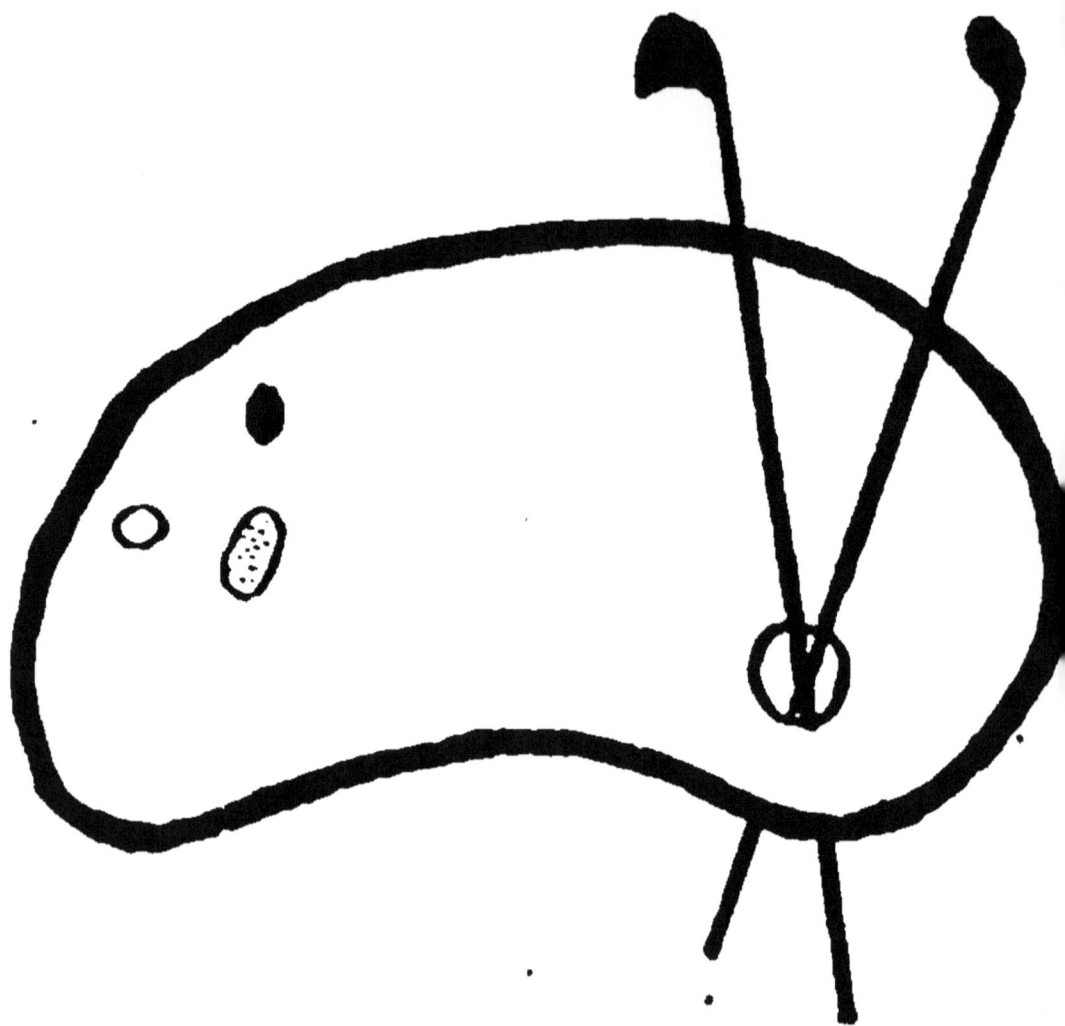

FIN D'UNE SERIE DE DOCUMENTS
EN COULEUR

NOTICE

GÉOGRAPHIQUE, ADMINISTRATIVE ET ÉCONOMIQUE

sur la

TUNISIE

Du même auteur :

Histoire de la Colonie Française du Sénégal, Paris, CHALLAMEL aîné, 1881, épuisé.

Par delà la Méditerranée, Kabylie, Aurès, Kroumirie, Paris, E. PLON, NOURRIT & Cie, 1887.

Madagascar et le Protectorat Français, 1888, 1 br. chez CHALLAMEL, aîné.

NOTICE

GÉOGRAPHIQUE, ADMINISTRATIVE ET ÉCONOMIQUE

SUR LA

TUNISIE

PAR

ERNEST FALLOT

RÉDACTEUR AU GOUVERNEMENT TUNISIEN

ANCIEN SECRÉTAIRE

DE LA SOCIÉTÉ DE GÉOGRAPHIE DE MARSEILLE

TUNIS

Imprimerie Franco-Tunisienne. Ch. FATH, rue des Glacières, 43

—

1888

Permettre aux nombreux étrangers qui visitent la Tunisie d'emporter de ce pays autre chose que des impressions trop souvent vagues et fugitives, tel est le but que l'on s'est proposé en écrivant ces pages. Le jury institué, à l'occasion du Concours Agricole et Hippique de 1888, pour examiner les travaux inédits sur la géographie de la Régence, a pensé qu'elles offraient quelque intérêt, et il a bien voulu le témoigner en couronnant cet ouvrage.

La plus grande partie des chiffres qui s'y trouvent ont été tirés du JOURNAL OFFICIEL TUNISIEN. L'auteur a puisé aux sources les plus sûres et contrôlé avec le plus grand soin les divers renseignements qu'il a utilisés; il remercie toutes les personnes à l'obligeance desquelles il les doit.

Cette NOTICE n'a pas d'autre prétention que celle de donner au public de simples indications propres à lui fournir le moyen de se former une opinion équitable et raisonnée sur l'œuvre que la France accomplit en Tunisie par l'exercice régulier de son Protectorat.

NOTICE

GÉOGRAPHIQUE, ADMINISTRATIVE ET ÉCONOMIQUE

SUR LA

TUNISIE

PREMIÈRE PARTIE

—

GÉOGRAPHIE

I

Limites et étendue.

La Tunisie est située dans la partie la plus septentrionale du continent africain ; une assez longue étendue de ses côtes se développe au nord du 37ᵐᵉ parallèle qui ne fait qu'effleurer le littoral algérien à Collo et dans l'Edough et qui partout ailleurs plonge dans la Méditerranée laissant l'Afrique à une assez grande distance dans le sud. Le point extrême atteint dans le nord par la Tunisie, et en même temps par le continent, est le Ras-Engéla non loin du cap Blanc, dans le voisinage de Bizerte. Au sud, la Tunisie arrive dans le Sahara aux environs du trente-deuxième degré. Du côté de l'ouest la frontière est une ligne brisée absolument conventionnelle qui coupe le sixième degré de longitude est, s'en éloignant fort peu, soit d'un côté soit de l'autre (1) : c'est ainsi que La Calle et Oum Théboul, situés par 6° et quelques minutes, sont en territoire algérien, tandis que Kalaa Es-Snam, par 5° 50 environ, est en territoire

---

1. L'incertitude qui règne sur le tracé exact de cette frontière a donné lieu quelquefois à des conflits entre les tribus qui habitent des deux côtés. Dans le but d'y mettre un terme, les gouvernements de la Tunisie et de l'Algérie ont entrepris récemment d'établir une ligne de démarcation définitive entre les deux territoires. Ce travail, en cours d'exécution, n'est pas encore terminé.

tunisien. Vers le sud la frontière s'éloigne davantage dans l'ouest du sixième degré, formant une courbe dont la convexité regarde l'Algérie et qui embrasse tout le Djérid. Dans l'est, la Tunisie n'a pas d'autre limite que le littoral lui-même, largement échancré par les deux vastes golfes de Hammamet et de Gabès.

Si l'on ne tient ne pas compte des sinuosités que dessinent ses rivages et ses frontières terrestres, on peut dire que la Tunisie a vaguement la forme d'un parallélogramme qui mesure cinq degrés ou 550 kil. dans sa plus grande dimension et environ deux degrés ou 250 à 300 kil. en moyenne dans sa plus petite. Sa superficie évaluée à 116,318 kil. carrés par les géographes allemands Behm et Wagner (1), à 118000 kil. carrés par M. Henri Duveyrier (2), et à 130,000 par M. Perpétua (3), vient d'être fixée par les calculs du Service Topographique du Gouvernement Tunisien à 129,318 kilomètres carrés.

II

Orographie

Si l'on veut se rendre compte du système orographique de la Tunisie, il est nécessaire de se rappeler que cette contrée n'est qu'une division politique de la partie du continent africain que les arabes ont appelée *Maghreb*, et à laquelle plusieurs géographes ont proposé de restituer le nom qu'elle a porté dans la plus haute antiquité, celui d'*Atlantide*, pays de l'Atlas. La Tunisie, l'Algérie et le Maroc forment un tout géographique, que le Sahara isole complétement du reste de l'Afrique, et qui, par sa constitution géologique, par sa flore et par son climat, semble être plutôt une annexe de l'Europe méridionale.

A l'occident de cette région, dominant à la fois la Méditerranée et l'Atlantique, se dresse le massif montagneux de l'Atlas marocain, dont les plus hautes cimes, couvertes de

1. Elisée Reclus. *Nouvelle Géographie Universelle*, t. xi. p. 115.
2. *La Tunisie*, p. 2.
3 *Geografia della Tunisia*, p. 6.

neiges éternelles, dépassent l'altitude de 4000 mètres. De cette chaîne principale se détachent deux rameaux, beaucoup moins élevés, qui courent vers l'Est, à travers toute l'étendue de l'Algérie. Le plus méridional, dont la direction est constante, sépare les hauts plateaux du désert. Arrivé à la frontière, aux environs de Tébessa, il fait un coude brusque vers le nord-est, et traversant toute la Tunisie en diagonale, il va se terminer à l'extrémité de la presqu'île du Cap Bon, au Ras-Addar. Quant au rameau septentrional, il décrit de nombreuses courbes, tout en conservant la même direction générale, et sa ligne de faîte sépare le versant méditerranéen des divers bassins intérieurs qui constituent les hauts plateaux ; les chaînons qu'il détache vers la mer séparent les bassins des fleuves algériens, et plusieurs d'entre eux, tels que le Dahra, le Djurdjura, la petite Kabylie, sont des massifs considérables. Dans l'est de la province de Constantine, il va se réunir vers Tébessa au rameau méridional, et c'est cette disposition particulière des montagnes qui explique l'absence de hauts plateaux en Tunisie ; mais un dernier chaînon s'en détache, dans la direction du nord, et, après avoir séparé le bassin de la Seybouse de celui de la Medjerda, forme la ceinture septentrionale de ce dernier.

La chaîne de montagnes qui sert d'arête médiane à la Tunisie quitte le territoire algérien non loin de Tébessa. Sous les noms de monts Bou-Rouman, Zebissa et Bou-El-Aba, dont l'altitude est de 900 à 1100 mètres, elle court parallèlement à la frontière. Le mont Hallouk, élevé de 1115 mètres, le mont El Houbib et le mont El Hazered, ce dernier haut de 1429 mètres, prennent une direction franchement occidentale. La ligne de partage des eaux s'infléchit ensuite vers le Nord et longe la crête du Sif El Amba et celle qui domine le plateau de Cheguegua, entre 1200 et 1300 mètres d'altitude. Elle s'abaisse ensuite de quelques centaines de mètres vers Bordj Bir Kenafis, suit l'Ergoub-Zouzou, l'Oum-Delel dont le prolongement, connu sous le nom de monts Reukaba, contient le point culminant de la Tunisie, le Ras Si Ali bou Mouzine, élevé de 1520 mètres. Elle se continue par le Rouis, l'Ayata et le Kafous, où elle descend jusqu'à 880 mètres. Passant alors par les sommets du Kef

Hamoud, du Zellez, de l'Azlam et de l'Arazza, elle va rejoindre la Hamada-el-Kessera. Ce plateau couvert d'oliviers et de jardins, élevé de 950 mètres au-dessus du niveau de la mer, est dominé par le rocher aux flancs abrupts, au sommet duquel se dresse le village de Kessera. La chaîne se prolonge ensuite en suivant la même direction générale par le Serdj (1375 mètres) et le Bargou (1250 et 1280 mètres), que recouvre une forêt de pins et de chênes-verts. Le mont Lalelika qui leur fait suite n'a que 800 mètres d'altitude, le Faroua n'en a que 720 et 680 et le Zahaeus 790. Le Djoukar, que l'on rencontre alors, atteint 1171 m. et le Zaghouan, réputé à tort la plus haute montagne de la Tunisie, 1310 m. Le Kefa, le Bou-Kouf, le Zouaïne, le Ahira, le Sidi Salem abaissent la ligne de partage des eaux à une altitude moindre. Par le Zid, le Triff, le Bou-Choucha et le Behil, elle arrive à l'isthme qui rattache la péninsule du Cap Bon au continent. Là se produit subitement un abaissement très-sensible; de 7 à 800 m., la chaîne de hauteurs descend pendant la traversée de l'isthme à 200 m. environ au-dessus des villes de Hammamet et de Nabeul. Une fois dans la presqu'île, on trouve le Sidi-Abd-Er-Rahmann avec son sommet de 631 m. qui en forme l'épine dorsale. Il se prolonge, si l'on s'en rapporte à la carte de l'État-Major, par une série de faibles hauteurs vers la côte orientale et la longe jusqu'au Cap Bon. Là se produit comme un suprême effort de la montagne expirante : un dernier renflement se dresse à 100 m. et à la pointe extrême du Ras-Addar domine encore la Méditerranée de 130 m. de haut.

A cette chaîne centrale se rattachent sur les deux versants des ramifications qui séparent les bassins secondaires. Il faut citer du côté du nord le mont Zafrann, qui domine le Kef et sépare la vallée du Mellégue de celle de la Tessa ; la Hamada des Ouled Aoun et le mont Massouge, entre cette dernière vallée et celle de la Siliana, les monts Reba-Siliana, Mougrar, Riahne et Basila qui forment la ceinture orientale du bassin de la Medjerda et enfin la chaîne du Gatouna, du Kablouti, du Reças et du Bou-Kournine, qui se termine au bord du golfe de Tunis et borde, à l'est, la vallée de l'Oued-Miliane.

De cette même chaîne centrale dépend un autre système montagneux qui s'en détache au nœud de Tébessa en formant avec elle un angle obtus, et court d'abord vers le sud-est pour remonter ensuite vers le nord. Ses sommets principaux sont le Bou-Chebka, le Sriba, le Rechem-El-Kelb, le En-Nam, le Sidi-Aïch, le Souenia, le Rdriss, le Majorah, le Fouff, le Melloussi, le Gouleb, le Gouirar et le Kechem-Artsouma ; il se prolonge ensuite par une série de collines peu élevées jusque vers El-Djem. Entre ces montagnes et celles de l'arrête centrale s'étend un vaste bassin qui regarde le golfe de Hammamet. Sur leur versant sud un nouveau bassin, que délimite vers l'Est une chaîne détachée du mont Majorah, est tourné vers le Sud : les eaux qui tombent dans cette sorte de coupe forment la rivière de Gafsa, et couleraient dans le chott Rharsa, si elles n'étaient absorbées en route par le sol.

A l'extrémité opposée de la Tunisie, parallèlement au rivage septentrional se trouve un autre massif de montagnes qui se rattache au système de l'Atlas septentrional et qui sépare la grande vallée de la Medjerda des petits bassins côtiers de la Méditerranée ; son extrémité est au cap Blanc non loin de Bizerte. Il emprunte leur nom aux diverses peuplades qui l'habitent : les Khroumirs, les Nefza et les Mogods. Le point culminant est le Djebel Bir, élevé de 1020 mètres, qui domine Aïn-Draham.

III
Hydrographie et description générale du pays.

La disposition des montagnes tunisiennes indique très-nettement une division en deux versants : le versant nord-ouest et le versant sud-est. Si l'on se représente le pays comme un parallélogramme dont la ligne de partage des eaux serait la diagonale, les deux versants seront deux triangles opposés l'un à l'autre. Leur valeur économique est loin d'être égale : le versant sud, tourné vers le désert, est condamné par sa position même à être moins arrosé, moins cultivé et partant moins riche que le versant nord ; ce dernier renferme le système hydrographique le plus considérable de la Tunisie, celui de la Medjerda et de ses affluents.

La Medjerda est le plus grand fleuve de la Régence. A Tébourba son débit extrême observé en hiver est de 987 m. cubes par seconde; à l'étiage il n'est que de 1 m. cube 861 (1). Elle prend sa source en Algérie à 25 kil. de Souk-Ahras, près d'une ruine romaine. A partir de son entrée en territoire tunisien, la direction générale de son cours est de l'est à l'ouest, parallèlement à la côte septentrionale. Elle y pénètre par les gorges sauvages de la Rekba, roulant ses eaux entre deux rangées de montagnes escarpées et couvertes de forêts. A sa sortie de ce pays tourmenté, la Medjerda trouve la magnifique plaine de la Dakhlat-Et-Djendouba, justement renommée pour sa fertilité, où l'indigène récolte chaque année d'abondantes moissons de blé. Dans cette riche contrée, où il n'existait pas au moment de l'occupation française une seule habitation européenne, trois centres ont surgi en quelques années et promettent de prendre un développement rapide. Ghardimaou, au pied des montagnes, est devenu un centre d'exploitations forestières; les indigènes commencent à aller y vendre leurs bestiaux. Souk-el-Arba, où les Arabes des environs se réunissaient chaque semaine pour « le marché du mercredi », est maintenant le théâtre d'un important commerce de céréales et le siège d'un Contrôle Civil. Ces deux localités sont déjà dotées de municipalités. A Souk-el-Khemis, vers l'extrémité orientale de la plaine, se sont groupées plusieurs exploitations agricoles françaises. Pendant son trajet à travers la Dakhla, la Medjerda reçoit plusieurs affluents. Du côté du nord l'oued Gourgourat qui va se jeter non loin des carrières de marbre de Chemtou et l'oued Melah qui passe auprès des ruines de la ville romaine de Bulla Regia, sont des cours d'eau sans importance. Plus considérable est le Rhezela qui draine une grande partie des eaux des montagnes Khroumires et, après avoir arrosé le plateau où a lieu le marché indigène de Fernana, va se jeter dans la Medjerda à Souk-el-Khemis. L'oued Béja, situé

---

1. Elisée Reclus.

plus à l'est, fertilise la plaine où se trouve la ville du même
nom. Les affluents de la rive droite ont un plus long développement. L'oued Mellégue est au confluent aussi volumineux
que la Medjerda elle-même. Il vient aussi d'Algérie, des environs de Khenchela, et reçoit plusieurs cours d'eau dont le plus
considérable est l'oued Sarrath, formé des ruisseaux qui descendent de la hauteur où est construit le village de Kalaa-Es-
Senam et de l'oued Haydra qui arrose la plaine où se trouvait
la ville romaine de ce nom, remplacée aujourd'hui par Thala.
Le Mellégue passe au pied du rocher de 755 m., au sommet
duquel est construite la ville du Kef, sort des montagnes au
Kef Zarzours et court ensuite assez longtemps dans la plaine
sur une ligne parallèle à la Medjerda, avant de lui porter ses
eaux. A quelques kilomètres seulement en aval se trouve le
confluent de l'oued Tessa. Cette rivière sort du pays de Zoua-
rine par le défilé de Khanguet-Frass, arrose la riche plaine du
Sers où les indigènes se livrent à l'élève du bétail, passe entre
le mont Mahiza et le mont Massouge, longe la plaine de Korib,
où se trouve le bordj Messaoudi sur la route directe de Tunis
au Kef, traverse une nouvelle région montagneuse et retrouve
la grande plaine au Bled Merdja. La Dakhla est fermée du
côté de l'Est par de nouvelles montagnes à travers lesquelles
la Medjerda est obligée de se frayer un passage dans des gorges abruptes et dénudées. Elle reçoit à gauche l'oued Zerga, au
confluent duquel s'est établie une importante exploitation viticole, se détourne brusquement vers le sud, puis reçoit à
droite le petit cours d'eau de l'oued Khralled qui arrose la ville
de Téboursouk et à peu de distance, une grande rivière, la Siliana. L'oued Siliana sous le nom d'oued Ousapha, prend sa
source dans la plaine de Maktar, qu'occupait une grande ville
romaine dont il ne reste que de belles ruines, et qui est aujourd'hui la résidence d'un Contrôleur Civil. Il reçoit d'un côté
les eaux de la Hamada des Ouled Aoun et de l'autre celles qui
descendent de la Kessera, du Belota, du Serdj, et d'une partie du Bargou. Après avoir arrosé une belle vallée et franchi
le défilé de Khanguet Mourou, il va se jeter dans la Medjerda,
près de la petite ville de Testour, entourée d'oliviers.

A partir de ce point la Medjerda reprend sa direction normale vers l'est, tout en inclinant fortement vers le nord. Elle arrose le village de Sloughia et la ville de Medjez-el-Bab, siège provisoire du Contrôle Civil de Zaghouan. A peu de distance de là, elle reçoit sur la rive droite l'oued El-Ahmar, qui porte vers sa source le nom d'oued Gdeff et arrose les deux plaines de Bled-Gout-el-Hat et de Bled-el-Arfaouïn, entre lesquelles se trouve la magnifique exploitation française de Ksar-Tyr. A Medjez, la Medjerda est sortie des montagnes et coule dans une nouvelle plaine qui s'étend jusqu'à la mer, et dont la caractéristique est l'olivier; dans la partie méridionale ces arbres sont en nombre assez considérable pour mériter le nom de forêt. C'est en face de Tébourba, sur la rive gauche, que sont groupés les 20,000 oliviers qui la constituent. Cette petite ville est entourée de jardins maraîchers; plusieurs exploitations agricoles européennes se sont installées sur son territoire. Une fabrique de chéchias exportait jadis une grande quantité de marchandise. Quelques kilomètres plus loin, à Djedeïda, où l'on fabrique aussi des chéchias, la Medjerda, après avoir reçu sur sa rive droite un affluent, l'oued Chaffour, prend plus franchement la direction du nord. La partie septentrionale de la plaine dans laquelle elle pénètre alors est basse et marécageuse. Elle porte le nom de Sebala et s'étend entre les hauteurs qui dominent Tunis et la chaîne de collines qui la sépare de la vallée de Bizerte. La Medjerda la traverse dans la partie orientale, passe auprès des haras fondés par le Comte de Sancy, et exploités par la Société Franco-Africaine, baigne le pied de la colline où s'élevait la célèbre ville romaine d'Utique et où la colonisation française essaye de s'implanter, et après avoir traversé des terrains d'alluvion, d'apport récent, elle finit près du petit village d'Aoudja, entouré d'oliviers, non pas directement dans la Méditerranée, mais dans le lac de Porto-Farina, qui communique avec elle.

La plaine de la basse Medjerda est séparée à l'est du territoire de Tunis par une chaîne de collines dont le point culminant, le Djebel Ahmar ne dépasse pas 340 m. Des oliviers et des jardins d'orangers et d'arbres fruitiers entourent les deux villages de la Manouba et de l'Ariana, lieux de villégiature des riches tunisiens. Le fond de cette plaine est occupé par deux lacs salés, la Sebkha Sedjoumi et le lac El-Bahira, ce dernier en communication avec la mer. C'est sur le dos de terrain qui sépare ces deux nappes d'eau qu'est bâtie la grande ville de Tunis, capitale de la Régence.

Le versant du littoral nord de la Tunisie se compose d'une série de petits fleuves côtiers qui tombent dans la mer à travers d'étroites vallées, descendant des montagnes de la Khroumirie, des Nefza et des Mogods. L'un des plus importants est l'oued El-Kebir, appelé aussi oued Ahmar et oued Tabarka, qui se jette dans la mer en face de l'île de ce nom après avoir arrosé le pays des Khroumirs. Dans ces montagnes réputées inaccessibles avant les événements de 1831, deux petits villages européens ont été créés. Aïn-Draham, construit au pied du Djebel Bir, sur le col qui sépare la vallée de Tabarka de celle des tributaires de la Medjerda, est le centre des exploitations de chêne-liège qui sont la fortune de ce pays. Tabarka, à l'embouchure de la rivière, se développera, lorsque la société concessionnaire aura mis en exploitation les mines voisines et aura construit le port prévu par son cahier des charges. Les vallées de l'oued Zouarha, de l'oued Maïbeus et de l'oued Rhinane n'ont pas la même importance. « La Khroumirie, dit M. Barabai (1), est une région admirable de pittoresque et de sauvagerie. Lorsque du fond des gorges où campent de nombreux douars, on s'élève par des sentiers rocailleux aux flancs des coteaux où s'accrochent des troupeaux de chèvres et de moutons, et jusque sur les sommets les plus élevés de ces montagnes tantôt arides et nues, tantôt colorées du vert sombre des lièges, la vue embrasse à chaque instant de splendides horizons: des enchevêtrements de sommets arrondis et de crêtes aiguës, un sol convulsionné, des montagnes aux flancs nus et pelés à côté d'autres d'une végétation luxuriante; des vallées verdoyantes et par places des échappées sur le bleu intense de la mer, le tout noyé dans la chaude lumière du ciel d'Afrique. »

_____

1. *A travers la Tunisie*, p. 207.

La vallée de Bizerte, qui appartient au versant septentrional, mérite une mention particulière. Elle est arrosée par l'oued Jouimine, formé par la réunion de l'oued Bouguera et de l'oued Boudissa dont le cours traverse des vallées encaissées semblables à celles de la Khroumirie. Cette rivière arrive dans une plaine basse et coupée de marécages pendant l'hiver, où se trouve la ville de Mateur, marché de bestiaux d'une grande importance. Elle se perd ensuite au pied du mont Iskeul, dans un marais qui se transforme en lac après les pluies et entoure à ce moment la montagne dont il prend le nom. Un canal qui porte le nom d'oued Findja fait communiquer ce lac avec celui de Bizerte, qui est lui-même en communication directe avec la mer.

Tout le littoral septentrional de la Tunisie est abrupt et inhospitalier pour les navires. Les seuls points de relâche, qu'on puisse y trouver sont la baie de Tabarka où la construction d'un port rendra des services à la navigation, la petite anse de Boudma, à l'abri du cap Negro, la baie du cap Serrat, où se trouve l'embouchure des Oued Maïbeus et Rhinane et où la C⁰ concessionnaire des mines des Nefzas doit construire un petit établissement maritime, et enfin la rade de Bizerte que les Arabes appellent Benzert. Placé à l'entrée du chenal peu profond qui fait communiquer le lac avec la Méditerranée, le port de cette ville ne peut donner abri qu'à des barques et dans la situation actuelle, il doit principalement son importance maritime aux pêcheries établies sur la nappe d'eau poissonneuse qui l'avoisine. Le territoire de Bizerte, boisé d'oliviers, est un des points les plus fertiles de la Tunisie; la vigne y est cultivée depuis une époque fort ancienne par les indigènes. On y trouve les deux petits villages de Menzel-Abder-Rhamane et de Menzel-Djemil. Les collines qui séparent le bassin de Bizerte de celui de la basse Médjerda se rapprochent de la mer au point de ne laisser entre elles et le rivage qu'une petite plaine arrosée par l'oued El-Krib et plantée d'oliviers, où se trouve le petit village de Ras-el-Djebel ; elles se terminent par le promontoire rocheux de Sidi-Ali-el-Méki. La petite ville que les arabes appellent Rhar-el-Melah (la grotte du sel) et les européens lorto-Farina est bâtie au pied de cet escarpement de rochers, et sur le bord de l'étang qui reçoit les eaux de la Medjerda. C'était autrefois un port de premier ordre, mais les apports du fleuve ont élevé peu à peu le fond du lac, de telle sorte que les navires ne peuvent plus y pénétrer. Porto-Farina a cessé d'être une ville maritime, elle n'est plus qu'un centre agricole auquel la fertilité de son territoire et ses riches cultures de mandariniers promettent un certain avenir. La côte qui s'étend entre le lac de Rhar-el-Melah et le cap Kamart est une plage de sable basse et marécageuse que le continent a conquis sur les flots depuis une époque qui ne paraît pas éloignée de l'ère chrétienne. Dans le voisinage du cap un simple cordon littoral de dunes sépare la Méditerranée de la Sebkha de la Soukra sur les bords de laquelle plusieurs colons français ont créé des vignobles. Le village de la Marsa, placé également entre la Sebkha et la mer, est la résidence de S. A. le Bey; la plage qui l'avoisine est fréquentée pendant l'été par de nombreux baigneurs venus de Tunis. Sur le cap de Carthage, que couronne un phare, a été bâti le village indigène de Sidi-Bou-Saïd. Au pied de cette élévation s'étend sur un très-grand espace, compris entre la mer, la Sebkha et le lac de Tunis, l'emplacement qu'occupa jadis la ville de Carthage, aujourd'hui couvert de champs d'orge. C'est sur la colline de l'ancienne citadelle de Byrsa que s'élève la chapelle consacrée à la mémoire de St.-Louis et que S. E. le cardinal Lavigerie a groupé ses établissements religieux. Une étroite bande de terrain sablonneux sépare seul le lac de Tunis de la mer. Sur ce cordon littoral ont été construits ces dernières années les deux petits villages du Khram et de Khérédine qui servent de lieu de villégiature aux habitants européens de Tunis. La ville de La Goulette, placée dans une situation analogue à celle de Cette, entoure la passe qui fait communiquer le lac avec le golfe de Tunis. Elle sert de port à la capitale de la Régence et son mouvement commercial tient la tête parmi les ports tunisiens. Par suite de l'absence d'une profondeur d'eau suffisante, les grands navires sont obligés de mouiller en rade et de transborder leur cargaison sur des barques qui par le canal de La Goulette et le chenal creusé dans la vase du lac amènent les marchandises à Tunis. La seconde partie du cordon littoral, située de l'autre côté de la coupure, est occupée par de beaux jardins plantés de palmiers. Sur la rive méridionale du lac de Tunis se trouvent le charmant village arabe de Radès, entouré d'un bois d'oliviers, et celui de Sidi-Fathalla, lieu de pélerinage célèbre parmi les musulmans.

Pour achever la description du versant nord-est de la Tunisie il reste à parler de deux bassins qui sans avoir l'étendue de celui de la Médjerda ont une grande importance agricole.

Le premier est celui de l'oued Miliane qui draine les eaux d'une fraction de la chaine centrale, depuis le Bargou jusqu'au Djebel Trif en passant par le Djoukar et le Zaghouan. Une notable partie des eaux qui devraient couler dans son lit est captée sur les flancs du Djoukar et amenée à Tunis par un aqueduc construit par les Romains et restauré il y a quelques années. L'oued Miliane est formé par la réunion de l'oued El Kebir et de l'oued Jarabia qui se rencontrent dans la grande plaine du Fahs; il longe l'aqueduc sur un assez long parcours, passe à peu de distance du petit village de la Mohamédia, qui dut un instant de splendeur au palais que le bey Ahmed y avait fait construire, mais que ses successeurs ont laissé tomber en ruines. Il reçoit ensuite sur sa rive droite l'oued El Hamma, arrose la belle plaine de Mornag, où un groupe de colons énergiques a déjà solidement implanté la colonisation française, et se jette dans le golfe de Tunis au pied de Radès. A peu de distance de son embouchure se trouve l'établissement thermal d'Hammam-Lif dont la plage attire durant l'été de nombreux baigneurs.

A l'est du bassin de l'oued Miliane, dans la plus grande partie de l'espace de terrain qui constitue l'isthme de la presqu'île du Cap Bon, s'étend la magnifique plaine de Soliman, qui s'ouvre au fond du golfe de Tunis. Elle est entourée à l'ouest par le Bou Kournine, le Reças, le Bou Choucha et leurs ramifications, au sud et à l'est par les hauteurs de la chaine centrale dans sa partie la plus basse et au nord par le mont Abd-Er-Rhaman et sa prolongation le mont de Korbeus ainsi que par les dunes de sable du littoral. Trois rivières arrosent cette terre fertile: l'oued Mela et l'oued Sfa sont souvent à sec pendant l'été; mais l'oued Bezirk, le plus septentrional, renferme toujours de l'eau dans son lit, excepté aux époques de sécheresse extraordinaires; à son embouchure se trouve le petit port naturel de Mraïssa que les Romains avaient protégé par une jetée. Une forêt d'oliviers de 1,100,000 pieds occupe une grande partie de cette belle contrée; le reste est cultivé en céréales et en jardins qui produisent des oranges et des citrons. Les européens y ont importé depuis quelques années avec succès la culture de la vigne; une exploitation, celle de Bordj-Cédria, à l'entrée de la plaine, possède un vignoble de plus de 100 hectares d'un seul tenant. La petite ville de Soliman ou Slimann, chef-lieu d'un caïdat, a été autrefois très-prospère, mais voit depuis longtemps ses maisons tomber en ruines, malgré les nombreuses sources de richesses que recèle le sol qui l'entoure. Les villages de Menzel-bou-Zalfa, de Beni-Khralet, de Nianou, de Gromballia, de Tourki et de Béli sont entourés de tous côtés par des oliviers. Au nord de la plaine de Soliman, le mont Korbeus domine le littoral de ses escarpements à pic sans cesse battus par les vagues du large et se prolonge jusqu'au cap Fortas qui fait face à celui de Carthage de l'autre côté du golfe de Tunis. C'est dans un enfoncement du rocher que jaillissent les sources minérales d'Hammam Korbeus bien connues des tunisiens. Au delà, dans une baie dont le rivage n'en est séparé que par un étroit bras de mer, se trouve l'îlot de la Tonara, célèbre par ses pêcheries de thons. Le nord de la presqu'île du Cap Bon forme une vaste plaine nommée Dakhelat-El-Maouine, dont la topographie n'a pas encore été sérieusement étudiée. On n'y rencontre qu'un seul petit village, El Aouaria, dominé par les hauteurs du Ras-Addar. La population y est claisemée, quoique la beauté de son climat et la fertilité de son sol semblent assurer à cette région un avenir agricole plein de promesses.

La côte orientale du Cap Bon appartient au versant sud-est de la Tunisie: c'est une plage sablonneuse, en arrière de laquelle on trouve à certains endroits de petits étangs. La po-

pulation y est plus agglomérée que dans le reste de la presqu'île.
Trois villages: Kelibia (1), à quelques kilomètres d'un petit
port qu'abrite le cap Moustapha, Menzel-Temine et Menzel-el-
Heur, sont entourés de bois d'oliviers. La petite ville de Kourba
a une importance plus considérable. Nabeul est le siège d'un
caïd et du Contrôleur Civil de la province de l' « Outann Kébli »
qui comprend toute la péninsule. Cette ville renommée pour la
salubrité et l'excellence de son climat, est entourée de délicieux
jardins qui produisent toute sorte de fruits et de fleurs. Ses
fabriques de poteries fournissent d'ustensiles de ménage la
Tunisie presque entière. Elle est au pied des collines de l'isthme, à peu de distance de la mer, près de l'endroit où le littoral
commence à s'infléchir vers l'ouest pour découper dans les
terres le golfe de Hammamet. La petite ville qui lui donne son
nom, avec ses vieilles murailles a conservé l'aspect d'une ville
fortifiée du moyen-âge, posée, au milieu d'un amphithéâtre d'o-
liviers, sur le sable du rivage, devant sa large baie tranquille
où se balancent quelques barques à l'ancre.

Le premier cours d'eau de quelque importance que l'on
rencontre sur le versant oriental est l'oued Bagra qui descend
des pentes du Zaghouan. Une partie des eaux de ce fleuve que
la nature avait destinées au golfe de Hammamet, est détour-
née par l'aqueduc de son cours naturel, et forcée par l'industrie
humaine à se diriger vers le golfe de Tunis. Aussi coule-t-il rare-
ment à pleins bords. Il arrose la plaine fertile de Zaghouan où
se trouve la ville de ce même nom, placée au pied de la montagne au milieu de beaux jardins. L'oued Bagra change ensuite
de nom: les indigènes l'appellent oued El-Hammam, et vers la
mer oued Rmel. A peu de distance de son embouchure la Société Franco-Africaine a fondé récemment sur ses bords, dans
la plaine de Bou-Ficha, le village de colons de Rey-ville, non
loin des ruines de la ville romaine d'Aphrodisium.

La contrée située entre la mer et le contrefort du Zaghouan
qui porte les noms de monts Zriba, Battaria, M'Deker, Garci et
Fadeloun, est connue des indigènes sous le nom d'Enfida. Don-

---

1. On l'appelle quelquefois aussi Gallipia.

née au général Khérédine, lorsqu'il était premier ministre et vendue par lui à des capitalistes français, elle a passé entre les mains de la Société Agricole et Immobilière Franco-Africaine qui a entrepris l'exploitation de cet immense domaine. Elle a établi son centre d'opérations en un point nommé Dar-el-Bey, situé à l'entre-croisement des routes de Hammamet à Kairouan et de Zaghouan à Sousse, où ne se trouvait qu'un simple puits. Il existe aujourd'hui en cet endroit un village européen qui a pris le nom d'Enfida-ville. L'Enfida est en grande partie peuplée de tribus nomades ; on y trouve cependant les villages de Zriba, Djeradou, Takrouna et Hergla, ce dernier sur le bord de la mer.

Sur la côte du golfe de Hammamet, au sud de l'embouchure du fleuve qui descend du Zaghouan, s'échelonne un chapelet de lagunes, qui rappelle les étangs du Languedoc et que d'étroites coupures dans le cordon littoral, véritables *graus*, font communiquer avec la mer. La plus vaste de ces lagunes porte le nom de Sebkha Djeriba. C'est vers elle que coulent les les rivières, desséchées vers le bas de leur cours, dont les lits sillonnent l'Enfida. Cette Sebkha et celle de Halk-el-Meazel qui lui fait suite vers le sud servent en outre de déversoir pendant les périodes de crues à toutes les eaux qui descendent du versant sud de la grande chaîne centrale de la Tunisie.

Le système hydrographique assez compliqué de ce vaste bassin, dont l'étendue paraît égaler presque celle du bassin de la Médjerda, n'est connu que depuis peu d'années, à la suite des études de la brigade topographique qui a levé la carte publiée par l'Etat-Major français. Il se compose de plusieurs cours d'eau, sensiblement parallèles qui vont se réunir dans la plaine de Kairouan, comme dans le fond d'une vaste cuvette, et tombent sous les noms d'oued Bagla et d'oued El-Attaf dans le grand lac Kelbia. Cette vaste nappe d'eau douce, dont la profondeur atteint 3 m. 50, peut porter de grosses barques de pêche; dans les années exceptionnellement pluvieuses elle communique avec les lagunes du littoral par le canal de l'oued Menfes, qui lui sert de déversoir. La plus septentrionale des rivières qui constituent ce système draine les eaux qui tombent sur les pentes orientales du Lalelika, du Bargou et du Serdj et porte successivement les noms d'oued Marouf, oued Nebhane et oued Séguia ; elle contourne à l'ouest, au nord et à l'est le massif du Djebel Ousselet, ramification de la Kessera et du Serdj projetée vers la plaine de Kairouan. Sur le versant méridional de ce même massif coule l'oued Merguellil, dont un affluent, l'oued Ez-Zitoun, descend de la Kessera. Plus au sud l'oued El-Hatob parcourt la vallée des Ouled Madjer, où se trouvent les ruines de la ville romaine de Sbiba. Cette rivière, ainsi que l'oued Djemla et l'oued Menasseur, qui arrose les ruines de l'importante ville romaine de Suffetula, aujourd'hui Sbeitla, ne sont que des affluents d'un cours d'eau considérable qui traverse la Tunisie de part en part de l'est à l'ouest. Né aux environs de Tébessa, au pied du Djebel Zebissa, il coule sous le nom d'oued El-Hatob, (1) à travers une vallée assez étroite, jusqu'à la plaine de Kasserine. Les montagnes qui l'entourent se resserrent ensuite jusqu'au défilé du Khranguet Zazia par lequel il débouche sous le nom d'oued El-Fekkra dans la grande plaine aride à l'extrémité de laquelle est Kairouan. Il change encore une fois son nom pour celui d'oued Zeroud avant de devenir l'oued Bagla par sa réunion avec l'oued Merguellil et l'oued Séguia. On n'a pas assez remarqué le rôle capital qu'a joué dans l'histoire de l'Afrique du Nord cette longue vallée transversale qui a été le grand chemin par lequel les envahisseurs arabes ont débordé sur le pays.

Malgré son étendue et le grand nombre de cours d'eau qu'il renferme, ce bassin est loin de rivaliser de fertilité avec celui de la Médjerda. Peut-être en a-t-il été ainsi dans l'antiquité: les nombreuses ruines romaines qui jonchent cette contrée attestent qu'elle a été occupée jadis par une population sédentaire probablement assez dense. Seules des tribus nomades la parcourent aujourd'hui. « Le régime des eaux dans la Tunisie Centrale, dit M. le docteur Rouire (2), qui a fait une

---

1. Il ne faut pas confondre cet oued El-Hatob avec son affluent qui porte le même nom.
2. *La découverte du bassin hydrographique de la Tunisie centrale,* p. 52 et 48.

étude spéciale de la région, tient du nord et du sud. Le lit des oueds renferme encore de l'eau, mais ce n'est plus que par places et d'une manière intermittente..... Tant qu'il ne pleut pas, l'oued Bagla, comme tous les grands oueds de l'Afrique, est en partie à sec; mais rien n'égale la violence impétueuse de ses eaux, dès qu'un orage éclate dans la région des plateaux. » Sur toute la surface de cet immense bassin, on ne trouve qu'une seule agglomération. C'est Kairouan, la ville sainte, qui dresse ses murailles au milieu de la plaine déserte. Le tombeau de Sidi-bel-Haoui, le barbier du Prophète, y attire de nombreux musulmans qui vont y faire leurs dévotions. Avant l'occupation française il était interdit aux chrétiens et aux juifs d'y séjourner. Grand marché commercial indigène, Kairouan, qu'entourent des terrains arides et salés, n'a qu'une importance secondaire comme centre agricole.

Au sud du lac Kelbia il existe une grande Sebkha salée, nommée Sidi-el-Hani, qui ne reçoit que des ruisseaux. Entre ces deux vastes étendues d'eau et la côte on trouve une région fort intéressante que les indigènes appellent Sahel (littoral). Sur un sol sablonneux, traversé par des ruisseaux souvent à sec, l'industrie des habitants est parvenue à créer un pays agricole d'une grande richesse, où la population est beaucoup plus dense que dans tout le reste de la Tunisie. Plus de trois millions et demi d'oliviers fournissent une huile exportée en abondance en Italie et en France par les trois ports d'embarquement de Sousse, la capitale du Sahel, chef-lieu d'un Contrôle Civil, de Monastir et de Mahedia. Dans l'intérieur on rencontre les villes et les villages de Kalaa-Kebira, Msakem, sur l'oued Amdoun, dont la population égale presque celle de Sousse, Moknine, au bord d'une sebkha, plus peuplé que Monastir, dont il dépend, Djemmal, siège d'un caïdat, Ksour-Essaf, Bekatla, près des ruines de Thapsus, Teboulba, ainsi que de nombreux hameaux qu'il est inutile d'énumer. Le pauvre village d'El-Djem, à l'extrémité sud-ouest du Sahel, occupe, dans une contrée d'une grande fertilité, l'emplacement de la ville romaine de Thydrus, qui devait compter une population nombreuse, si l'on en juge par les dimensions du splendide amphithéâtre resté debout comme témoin d'une civilisation dis·parue.

Au sud du Sahel on ne trouve plus que les plateaux déserts parcourus par les Metellits. C'est sur la lisière de ce pays inculte qu'est bâtie la ville de Sfax. Malgré des conditions économiques aussi défavorables, elle a pris depuis moins d'un siècle un développement étonnant, grâce à l'énergie de ses habitants qui étendent tous les jours leurs plantations d'oliviers et élargissent sans cesse la ceinture de jardins qui l'entoure. Sfax est aujourd'hui par le chiffre de sa population la seconde ville de la Tunisie,et par celui de ses exportations elle dispute le premier rang à La Goulette parmi les ports de la Régen. ». En face sont les îles Kerkennah, habitées par des pêcheurs.

Le sud-ouest du plateau des Metellits et de la région sfaxienne est occupé par le bassin intérieur de la Sebkha En-Nouaïl. C'est la seule région de la Tunisie qui se rapproche des hauts plateaux algériens. Il renferme les peuplements de halfa dont l'exploitation avait été concédée à une société anglo-tunisienne actuellement en faillite, qui avait établi un port d'embarquement pour ses produits à La Skhira (1), au sud du village de Maharès, le seul point habité qu'offre la côte entre Sfax et Gabès.

Dans le sud de la Tunisie se trouve le bassin des chotts dont la ceinture montagneuse a été indiquée plus haut. Les eaux qui en descendent se réunissent en une rivière qui sous le nom de Bou-Hoya arrose la zaouia de Fériana. A sa sortie du grand cirque de montagnes au fond duquel elle a coulé jusqu'alors, non loin de l'endroit où les sables l'absorberont, elle fertilise la grande oasis de Gafsa. Cette ville est placée sur la limite du pays cultivable, à l'entrée même du désert, au débouché d'un défilé qui en est la porte. Elle est entourée d'une forêt de 32,000 palmiers et de 75,000 oliviers sous lesquels croissent toute sorte d'arbres fruitiers. Son marché est le centre d'approvisionnement de tous les nomades de la région.

Le lit desséché de la rivière de Gafsa, qui prend en aval

1. Le décret de concession a été rapporté et la liberté du commerce des halfa a été rétablie,

le nom d'oued Tarfaoui, conduit au chott **Rharsa** dont la partie occidentale est coupée par la frontière. Ce chott et celui de Fedjedj ou du Djerid, vastes dépressions recouvertes d'une croûte saline, où les caravanes ne s'aventurent pas sans précautions, occupent tout le sud de la Tunisie. C'est dans l'isthme qui les sépare que se trouve le « Bléd-el-Djerid » (pays des Palmes) (1), agglomération d'oasis entourées par le Sahara. Là chaque pied de terrain cultivé doit être disputé au désert à force de soins et la moindre défaillance chez le propriétaire amène un retour offensif de cet ennemi toujours en éveil, le sable, qui obstrue les sources et recouvre les jardins de son linceul. Mais à l'aide d'un travail opiniâtre l'homme obtient sous ce soleil de feu de merveilleux résultats. Les oasis du Djérid ont été comparées à des serres à ciel ouvert (2). Des ruisseaux d'eau chaude dont la température varie de 27· à 31· arrosent des jardins féeriques dont un poète arabe a pu dire :

« Visite Touzeur, si tu veux voir le Paradis. »

Plus d'un million de palmiers produisent les meilleures dattes qu'il y ait au monde. Le Djerid comprend quatre oasis. Touzeur, la capitale, siège d'un contrôle civil, qui a compté jadis, assure-t-on, jusqu'à 100,000 habitants, n'est plus aujourd'hui qu'un groupe de villages, dont les maisons sont construites avec une certaine élégance : c'est le grand marché commercial de la région. Nefta est une ville religieuse, peuplée de mosquées et de zaouias. El Oudian se compose de trois villages principaux : Degache, Kriz et Cedada. El Hamma possède des sources thermales dont elle a pris le nom, et qui y attirent de nombreux baigneurs ; elle est sérieusement menacée par l'envahissement des sables.

Sur la rive méridionale du chott Fedjedj s'avance un promontoire qu'occupe le groupe des oasis du Nefzaoua. Ce pays a été jadis une immense forêt ininterrompue de palmiers ; ruiné par la mauvaise administration de ses anciens caïds, il est tombé dans une décadence profonde. Une dernière oasis se

1. Quelques étymologistes font venir le mot Djérid d'une autre racine arabe qui lui donnerait le sens de ¢pays dévasté».
2. Duveyrier. *La Tunisie*, p. 102.

trouve sur le rivage même de la mer : c'est celle de Gabès, qui sert de port au Djerid et au Nefzaoua. Elle se compose de trois villages séparés l'un de l'autre par une distance d'environ deux kilomètres : Gabès-port, qui doit sa naissance à l'occupation française, est le séjour des négociants européens ; il a été doté d'une municipalité. Menzel et Djarra, exclusivement indigènes, sont animés l'un contre l'autre de sentiments hostiles qui résultent d'une vieille rivalité politique et commerciale.

Située dans le golfe dont Gabès occupe le fond, l'île de Djerba n'est séparée du continent que par un bras de mer si peu profond qu'on peut le traverser à gué. Cette île basse, dont le point culminant ne dépasse pas 36 mètres au-dessus du niveau de la Méditerranée, et qui n'est pas arrosée par un seul ruisseau d'eau courante (1), possède une population beaucoup plus dense que n'importe quelle autre partie de la Tunisie. Les Djerbiens qui excellent dans le commerce et la petite industrie, cultivent leur territoire trop étroit sans en perdre une seule parcelle. Ils l'ont planté de palmiers, d'oliviers, de vignes et de jardins qui en font un séjour plein de charmes. Le chef-lieu, Houmt-Souk, est le siège d'un contrôle civil.

La partie du territoire tunisien située au sud des chotts appartient complétement à la région saharienne. Elle est parcourue par la confédération nomade des Ouerghamma dont toute la richesse consiste dans leurs troupeaux de chameaux et de moutons. Ksar-Moudenine et Douirat, les deux seules agglomérations de population fixe, sont les marchés de l'intérieur. Sur la côte voisine de Djerba, le port de Zarzis, entouré d'oliviers, centralise tout le commerce encore peu considérable de l'extrême sud. Les habitants du littoral, les Accaras s'occupent de la récolte des olives, de la fabrication de l'huile, de la pêche des éponges, et de l'extraction du sel d'une saline voisine.

---

1. Djerba était jadis arrosée par une rivière « d'une largeur moyenne d'un mille » se dirigeant de l'est à l'ouest, d'après l'historien local Mohamed Abou Hasse Ahmed En-Naceur. (*Description et histoire de l'île de Djerba*, traduite par Exiga-Kayser, p. 4).

IV

Climat

Il n'y a que peu d'années que des observations scientifiques suivies ont été faites en Tunisie. On ne peut pas en dégager encore des données d'une exactitude rigoureuse. La période sur laquelle elles ont porté est trop courte pour qu'il soit possible de leur attribuer une valeur absolue. Il a cependant paru intéressant de publier à titre de résultats provisoires les températures observées pendant huit ans à Tunis par M. Jacques, inspecteur des télégraphes, et pendant trois ans par le service de santé militaire dans huit stations météorologiques. On y a joint le relevé des observations pulviométriques faites sur les mêmes points pendant la même période, ainsi que le tableau des constatations relatives à la fréquence du sirocco, ce vent du sud-est si difficile à supporter pour les Européens pendant les chaleurs de l'été, et qui exerce une influence funeste sur la végétation de la vigne et le développement normal du raisin.

TEMPÉRATURES OBSERVÉES A TUNIS

Pendant les années 1873, 1874, 1875, 1876, 1880, 1881, 1882 et 1883

PAR

M. JACQUES, Inspecteur des Télégraphes

MOIS	1873.			1874.			1875.			1876.		
	Mini-mum	Maxi-mum	Moyen-ne	Mini-mum	Maxi-mum	Moyen-ne	Mini-mum	Maxi-mum	Moyen-ne	Mini-mum	Maxi-mum	Moyen-ne
Janvier	»	»	11.8	8.6	13.9	11.3	7.17	16.25	11.71	7.55	14.83	11.19
Février	»	»	11.5	7.8	14.8	11.3	7.04	16.16	11.6	8.2	17.85	13.05
Mars	13.06	21.6	17.1	8.7	17.4	13.1	8.68	18.95	13.82	9.64	20.36	15 »
Avril	12.5	23.5	14.0	11 »	22.5	16.8	10.65	21.41	16.03	11.57	22.51	17.04
Mai	14.4	24.6	19.5	13.9	25.3	19.6	16.21	28.92	22.57	15.66	28.12	21.89
Juin	18.5	25.6	22.1	19.8	35.5	27.7	18.88	30.44	24.61	17.76	28.75	23.28
Juillet	20.9	29.7	25.3	20.9	34.8	27.8	21.72	33.64	27.68	20.78	32.7	26.74
Août	22.4	30.6	26.5	»	»	»	22.29	34.20	28.24	21.73	33.81	27.77
Septembre . .	»	»	»	21 »	33 »	27 »	»	»	»	20.41	31.66	26.03
Octobre . . .	»	»	»	18.6	28.9	23.7	»	»	»	16.75	25.96	21.36
Novembre . .	»	»	»	11.7	19.45	15.36	»	»	»	11.44	19.91	15.67
Décembre . .	»	»	»	7.4	15.9	11,65	6.64	14.26	10.45	»	»	»

TEMPÉRATURES OBSERVÉES A TUNIS

Pendant les années 1873, 1874, 1875, 1876, 1880, 1881, 1882 et 1883

PAR

M. JACQUES, *Inspecteur des Télégraphes*

MOIS	1880.			1881.			1882.			1883.		
	Mini-mum	Maxi-mum	Moyen-ne	Mini-mum	Maxi-mum	Moyen-ne	Mini-mum	Maxi-mum	Moyen-ne	Mini-mum	Maxi-mum	Moyen-ne
Janvier	»	»	»	11.1	18.5	14.8	7.9	14.8	11.3	7.6	15.3	11.4
Février.	»	»	»	10.2	16.2	13.9	7.7	14.9	11.3	7.4	15.6	11.5
Mars	»	»	»	10.7	20.1	15.4	6.7	18»	12.3	6.9	16.2	11.6
Avril	»	»	»	13.5	23.3	18.4	14.4	20.6	17.5	10.2	19.1	14.7
Mai.	»	»	»	14.0	23.4	18.7	15.4	26.8	21.1	14.4	24.6	19.5
Juin.	»	»	»	17.9	27.5	22.9	19.7	31.4	25.5	18.0	28.5	23.4
Juillet.	21.9	33.1	27.5	22.1	32.7	27.4	20.9	31.3	26.1	21.7	32.5	27.1
Août	23.13	33.04	28.08	21.7	32.7	27.2	21.6	30»	25.8	20.5	30.9	25.7
Septembre . . .	20.7	29.6	25.3	20.0	29.8	24.9	»	»	»	18.8	28.7	22.8
Octobre.	17.1	25.5	21.3	16.1	24.8	20.4	»	»	»	15.0	22.9	18.9
Novembre . . .	14.1	21.2	17.6	10.7	18.8	14.7	»	»	»	11.72	19.49	15.6
Décembre. . . .	10.2	17.1	13.7	9.4	15.3	12.4	»	»	»	8.3	15.2	11.7

TABLEAU Nº 2.

RÉSUMÉ DU TABLEAU Nº 1

TEMPÉRATURE DE TUNIS

D'après les observations de M. JACQUES

MOIS	Minimum	Maximum	Moyenne	OBSERVATIONS	
Janvier.	7.6	18.5	11.9	La moyenne a été calculée sur 7 années	
Février	7.04	17.85	11.9	—	7 »
Mars.	6.7	21.6	14 »	—	7 »
Avril.	10.2	23.5	16.43	—	7 »
Mai	13.9	28.92	20.4	—	7 »
Juin	17.76	35.5	24 »	—	7 »
Juillet . . . . ,	20.78	34.8	26.95	—	8 »
Août.	20.5	34.2	27.08	—	7 »
Septembre. . .	18.8	33 »	25.4	—	5 »
Octobre	15 »	28.9	21.13	—	5 »
Novembre. . .	10.7	21.2	15.76	—	5 »
Décembre . . .	6.64	17.1	11.9	—	5 »

Le tableau nº 2 présente la température minima, maxima et moyenne de Tunis pendant chacun des mois de l'année, telle qu'elle résulte des observations de M. Jacques.

TABLEAU N° 3

RÉSUMÉ DES OBSERVATIONS THERMOMÉTRIQUES

Relevées par le Service de Santé Militaire pendant les trois années 1884-1886

MOIS	Le Kram et Tunis-Belvédère			Aïn-Draham			Zaghouan			Sousse		
	Maxi.	Mini.	Moy.	Maxi.	Mini.	Moy.	Maxi.	Mini.	Moy.	Maxi.	Mini.	Moy.
Janvier . . .	17.5	4.5	10.4	14.0	-3.0	4.4	16.0	5.8	11.1	15.1	4.6	10.0
Février . . .	19.3	6.1	12.6	14.3	-1.6	7.2	21.0	6.3	12.6	19.1	8.0	13.2
Mars	20.3	8.5	14.1	17.6	-0.2	9.1	19.6	7.3	13.3	21.2	9.7	15.0
Avril	25.1	10.5	16.6	18.6	4.1	9.6	23.4	10.7	16.5	24.4	10.6	17.0
Mai	26.3	13.0	19.6	25.6	8.3	16.3	25.9	13.2	17.9	26.9	13.3	19.8
Juin	30.1	15.1	22.9	24.8	8.1	15.4	31.5	14.9	22.2	29.6	15.0	22.7
Juillet . . .	34.0	18.4	26.6	30.4	16.0	23.3	35.4	20.0	27.6	35.7	20.0	27.2
Août . . .	37.7	19.2	27.9	34.0	15.0	23.5	36.6	18.3	26.7	36.8	20.8	28.1
Septembre .	31.9	19.3	25.5	27.9	12.9	20.7	31.6	19.2	25.4	32.0	19.7	25.6
Octobre . .	27.5	14.2	21.2	22.5	6.3	14.4	26.8	14.3	20.9	27.9	14.9	21.1
Novembre .	20.6	8.0	14.8	14.8	3.0	9.1	20.0	10.9	14.8	21.5	11.0	16.3
Décembre .	16.9	5.9	11.7	9.9	-0.3	4.9	18.0	7.4	12.6	17.2	7.3	12.1

MOIS	Kairouan			Sfax			Gafsa			Gabès		
Janvier . . .	16.3	1.1	8.9	16.8	4.5	10.2	14.8	2.0	8.2	18.3	3.6	10.7
Février . . .	20.7	5.0	12.4	18.1	7.4	12.6	20.3	5.1	12.0	22.4	6.8	14.3
Mars	23.5	7.3	14.6	21.8	7.7	14.7	22.4	8.1	14.5	22.6	9.6	16.1
Avril	26.9	8.9	18.3	22.5	10.7	17.2	25.3	8.3	17.1	25.5	11.1	18.6
Mai	33.4	12.5	22.7	25.3	14.7	19.6	29.7	13.2	21.7	26.0	15.8	21.0
Juin	38.7	16.6	27.1	28.4	16.4	22.5	36.2	15.9	25.8	30.7	17.6	23.6
Juillet . . .	40.8	19.6	29.7	32.3	19.3	26.3	39.8	20.2	30.0	34.6	21.7	28.5
Août . . .	43.0	17.8	30.0	35.7	21.0	27.2	41.9	20.4	32.4	37.7	21.7	28.7
Septembre .	37.7	14.8	26.3	30.2	20.3	24.3	35.7	15.3	26.5	32.7	20.7	26.7
Octobre . .	29.5	11.8	23.2	27.5	15.2	21.4	27.8	12.5	20.4	29.9	15.4	23.1
Novembre .	22.3	8.0	15.2	21.1	10.9	16.0	19.6	4.3	13.0	23.0	10.5	16.9
Décembre .	18.0	4.2	10.2	16.8	7.3	11.8	16.0	2.2	9.1	18.4	6.6	12.6

OBSERVATIONS. — Par suite de la suppression de l'hôpital du *Kram* les observations de Novembre et Décembre 1886, ont été faites à celui du Belvédère (Tunis). — Les observations n'ont pas été prises à Zaghouan pendant les 9 premiers mois de 1885 et le mois de Septembre 1886, ni à Sousse pendant les 3 premiers mois de 1884.

TABLEAU N. 4

OBSERVATIONS PLUVIOMÉTRIQUES

Relevées en Tunisie pendant les années 1884-1886

Par le Service de Santé Militaire (Pluies en millimètres)

MOIS	Le Kram et Tunis-Belvédère			Aïn-Draham			Zaghouan			Sousse		
	1884	1885	1886	1884	1885	1886	1884	1885	1886	1884	1885	1886
Janvier. . .	1.3	1.2	4.1	6.0	7.0	7.1	»	»	2.1	»	1.5	2.6
Février. . .	1.3	1.2	2.1	0.9	4.9	8.1	2.4	»	1.9	»	0.3	1.5
Mars. . . .	1.9	2.4	0.9	5.0	6.9	4.4	1.5	»	0.2	»	1.0	0.2
Avril. . . .	1.5	1.9	1.4	4.6	10.2	9.8	3.3	»	0.4	neant	1.6	1.5
Mai. . . .	1.0	0.4	0.7	3.1	0.7	5.8	1.5	»	0.1	0.2	0.5	0.2
Juin	0.4	2.0	0.1	2.1	0.7	1.1	0.9	»	neant	1.0	neant	0.05
Juillet . . .	neant	0.8	neant	0.3	0.9	neant	0.1	»	0.1	neant	0.4	neant
Août. . . .	0.3	0.9	1.9	0.8	0.6	4.7	0.3	»	1.0	neant	1.3	0.9
Septembre.	1.0	0.4	2.5	0.7	1.7	1.5	1.0	»	»	0.4	0,7	2.5
Octobre . .	1.8	1.2	1.4	5.4	6.8	2.3	1.3	1.4	1.3	2.6	1.4	5.0
Novembre.	2.2	3.0	0.8	6.9	12.8	4.7	2.4	1.9	3.0	1.5	0.7	2.8
Décembre.	5.1	0.8	1.3	11.6	3.9	6.9	8.0	0.1	0.6	6.8	1.0	1.5
	17.8	16.2	17.2	47.4	57.1	56.4	22.7	3.4	10.7	12.5	10.4	13.75
TOTAUX	17			53.6			11 mois	3 mois	11 mois	9 mois	14.57	
	Moyenne des 3 ans			Moyenne des 3 ans							Moy. de 2 a.	

MOIS	Kairouan			Sfax			Gafsa			Gabès		
Janvier. . .	0.5	1.0	1.3	0.1	0.5	1.1	0.3	0.4	1.0	neant	0.7	0.3
Février . .	1.5	neant	0.6	1.9	0.1	1.3	0.7	0.09	0.3	neant	nea t	0.6
Mars. . . .	2.1	1.0	0.1	3.1	0.4	gout.	2.7	0.7	neant	3.3	0.6	0.2
Avril. . . .	gout.	2.0	1.4	0.6	0.7	1.0	0.6	0.7	0.8	0.6	0.2	1.1
Mai	0.2	1.0	0.3	0.3	0.06	0.5	1.1	0.4	0.6	neant	0.3	0.1
Juin	2.4	neant	neant	1.1	neant	gout.	0.6	0.06	0.1	1.7	0.1	neant
Juillet . . .	0.2	0.7	gout.	neant	neant	neant	neant	neant	neant	neant	0.1	neant
Août. . . .	0.1	0.7	0.7	neant	neant	gout.	neant	neant	0.6	neant	0.08	neant
Septembre.	1.0	1.0	1.6	neant	0.3	3.6	0.1	0.2	2.7	neant	0.07	2.6
Octobre . .	1.0	2.5	1.5	1.7	0.8	1.1	1.4	0.7	0.5	1.1	0.2	0.7
Novembre.	0.7	1.0	1.6	1.8	0.3	2.6	1.05	1.0	1.5	0.7	0.03	1.2
Décembre.	1.4	3.0	0.5	1.2	0.6	1.2	1.8	0.4	0.8	5.1	0.6	0.5
	11.1	13.9	9.6	11.8	3.76	12.4	10.35	4.65	8.9	12.5	2.98	7.3
TOTAUX	11.5			9.32			7.96			7.59		
	Moyenne des 3 ans			Moyenne des 3 ans			Moyenne des 3 ans			Moyenne des 3 ans		

OBSERVATIONS. — Par suite de la suppression de l'hôpital du Kram (La Goulette) les observations de Novembre et Décembre 1886 ont été faites à celui du Belvédère (Tunis). — Les observations n'ont pas été prises à Zaghouan pendant les 9 premiers mois de 1885 et les mois de Janvier 1884 et Septembre 1886, ni à Sousse pendant les 3 premiers mois de 1884.

Classification de la moyenne des pluies pendant les années 1884-1886, Tableau N° 4 :		
Aïn-Draham 53.6	Kairouan 11.5	
Le Kram . . . . . . 17 »	Sfax 9.32	
Zaghouan (probabl.) »	Gafsa 7.96	
Sousse 14.57	Gabès 7.59	

TABLEAU N° 5

NOMBRE DE JOURS
pendant lesquels le Sirocco a soufflé

MOIS	Le Kram et Tunis-Belvédère			Aïn-Draham			Zaghouan			Sousse		
	1884	1885	1886	1884	1885	1886	1884	1885	1886	1884	1885	1886
Janvier . .	neant	neant	neant	neant	neant	neant	neant	—	1	—	neant	neant
Février . .	neant	neant	neant	neant	7	neant	neant	—	neant	—	neant	neant
Mars . . .	1	neant	neant	neant	4	neant	neant	—	4	—	2	neant
Avril . . .	neant	1	neant	2	neant	2	neant	—	1	2	2	1
Mai	neant	neant	1	1	5	2	neant	—	1	—	2	1
Juin . . .	neant	neant	neant	2	2	2	neant	—	neant	1	2	1
Juillet . .	neant	2	neant	4	4	3	neant	—	2	2	6	9
Août . . .	neant	6	neant	5	4	neant	1	—	neant	3	13	4
Septembre .	2	1	neant	3	2	neant	1	—	—	4	6	1/2
Octobre . .	neant	neant	2	neant	neant	2	1	5	3	neant	1	1/2
Novembre .	neant	neant	neant	neant	neant	neant	neant	neant	neant	neant	neant	neant
Décembre .	neant	neant	neant	neant	neant	neant	neant	1	1	neant	neant	neant
TOTAUX	3 j.	10 j.	3 j.	17 j.	28 j.	11 j.	3 j.	—	13 j.	—	34 j.	17 j.

MOIS	Kairouan			Gabès			Gafsa			Sfax		
Janvier . .	neant	neant	neant	neant	neant	neant	neant	neant	neant	neant	neant	neant
Février . .	neant	neant	neant	3	2	neant	4	5	neant	neant	neant	neant
Mars . . .	neant	neant	neant	2	neant	4	3	neant	neant	neant	neant	neant
Avril . . .	neant	1	neant	1	neant	2	12	neant	1	neant	neant	1
Mai . . .	neant	6	neant	neant	2	1	neant	3	3	neant	neant	1
Juin . . .	neant	2	3	neant	2	neant	2	neant	2	neant	neant	neant
Juillet . .	neant	8	6	1	1	neant	4	6	4	1	neant	1
Août . . .	neant	12	1	neant	5	1	4	13	6	4	3	1
Septembre .	neant	neant	neant	neant	1	4	2	3	3	neant	2	1
Octobre . .	neant	neant	1/2	neant	1	1	neant	neant	2	1	2	neant
Novembre .	neant	neant	neant	neant	neant	neant	neant	neant	3	neant	neant	neant
Décembre .	neant	neant	neant	neant	neant	neant	neant	neant	1	neant	neant	neant
TOTAUX	neant	29 j.	10 j.1/2	7 j.	14 j.	13 j.	31 j.	30 j.	25 j.	6 j.	7 j.	5 j.

Pour compléter ces données générales voici quelques indications spéciales au climat du sud de la Tunisie. D'après les observations recueillies par M. le lieutenant De Fleurac pendant l'année 1883-1884, dans le Djerid la température moyenne de l'hiver varie entre 23° et 27°. « C'est la température ordinaire, dit-il, depuis le mois de décembre. Le minimum a été de 12° dans la nuit du 20 au 21 février (1884) et le maximum de 30° le 3 mars. Les chaleurs de l'été sont excessives : le thermomètre pendant les mois de juin, juillet, août et septembre, s'élève communément à 51°. Lorsque viennent à souffler les vents du sud et du sud-ouest, il s'établit un équilibre entre la température du jour et celle de la nuit, et l'on traverse alors des périodes de deux, trois, quatre, cinq jours pendant lesquelles il n'existe aucune différence appréciable entre la chaleur du jour et celle de la nuit ; cette monotonie de la température est vraiment accablante, une poussière impalpable étend comme un voile rougeâtre sur le soleil, et l'air surchargé des émanations salines du Chott produit une telle irritation des paupières et de l'œil lui-même qu'on peut certes attribuer à son influence autant et plus qu'à celle du sable les ophtalmies si communes dans ce pays... Du 20 au 22 juin 1883 le thermomètre indiquait *la nuit* à Chbitna une température stationnaire de 49 degrés ! Il est vrai de dire que Chbitna, adossé à un rocher nu et face au sud-est, est un des points les plus chauds du Djerid tunisien. »

« Dans son ensemble, dit M. Elisée Reclus (1), le climat de la Tunisie est un des meilleurs du littoral méditerranéen. Une statistique militaire établie du mois d'août 1883 au mois de mars 1884 prouve que les entrées des soldats à l'hôpital ont été moindres en Tunisie que dans l'une ou l'autre des provinces d'Algérie ou même qu'en France. M. Bertholon (*Revue de Géographie, octobre 1884*) compare le littoral tunisien à l'Australie pour l'excellence du climat ; mais dans celles des vallées de l'intérieur dont l'air n'est pas renouvelé par les vents du nord, les fièvres endémiques sont justement redoutées. »

---

1. *Nouvelle Géographie Universelle* t. xi p. 181

V

Ethnologie.

La population de la Tunisie est très-loin de présenter un caractère d'unité ethnique ; elle est formée au contraire d'un mélange des éléments les plus divers. Si l'on veut avoir un fil conducteur dans l'étude des races qui occupent son sol, il est indispensable de jeter un rapide coup d'œil sur l'histoire du pays en remontant aux origines.

Pendant la période la plus reculée de l'antiquité sur laquelle les recherches des savants modernes sont parvenues à jeter quelque lumière, le nord de l'Afrique était habité par un peuple dont une partie était de teint blond et d'origine aryenne et que les historiens anciens appelèrent les Libyens. M. le général Faidherbe, le grand historien Henri Martin et l'illustre anthropologiste Broca leur ont attribué la construction des monuments mégalithiques que l'on trouve sur plusieurs points de l'Algérie et de la Tunisie, notamment dans l'Enfida. Ce sont eux qui ont donné au continent africain le nom de Libye qu'il a porté pendant plusieurs siècles. Ils avaient fondé un état puissant et entretenaient des relations constantes avec l'Egypte; ils furent souvent en guerre avec l'empire des pharaons et subirent plusieurs fois les atteintes de ces redoutables voisins. C'est à ces événements lointains que plusieurs auteurs rattachent les traditions locales qui ont fait donner le nom de chott « Faraoun » à une partie de la grande Sebkha du sud de la Tunisie, et dans cette même région celui de « palmier de Pharaon » au bananier. 1.300 avant l'ère chrétienne, un autre peuple fit son apparition dans le nord de l'Afrique, vainquit les Libyens et s'empara de la suprématie politique : c'étaient les Aourigha ou Sanhaga que les historiens latins ont appelés Gétules et dont une tribu, les Afarik, a laissé son nom d'abord à la province romaine d'Afrique et plus tard au continent tout entier (1). Ils

1. Tissot, *Géographie comparée de la Province Romaine d'Afrique*, t. I, p. 390.

sont représentés aujourd'hui par les Touareg et les Maures du Sénégal. A une époque postérieure qu'il n'est pas possible de préciser dans l'état actuel de la science, mais que l'on peut supposer assez voisine de l'ère chrétienne, une troisième race, celle des Zénatas, vint se juxtaposer aux deux qui ont été indiquées. Elle apporta le nom de Berbères, qui était celui de l'une de ses tribus et qui servit plus tard à désigner toutes les populations antérieures aux invasions arabes. L'étude de ces antiques peuplades est encore à ses débuts ; mais on arrivera certainement à les connaître plus à fond par l'examen attentif des rares monuments qu'elles ont laissés (1) et par la critique raisonnée des traditions conservées par leurs descendants.

La domination de Carthage et celle de Rome passèrent sans imprimer sur la masse de leurs sujets indigènes des traces facilement reconnaissables à notre époque. Il n'en fut pas de même des Arabes. Les conquérants musulmans, par la religion et la langue qu'ils imposèrent aux vaincus, les façonnèrent dans une certaine mesure à leur image, sans parvenir cependant à leur faire oublier leurs origines et à les fondre dans une nationalité commune et une race unique. Aujourd'hui encore, après tant de siècles écoulés, on retrouve des descendants authentiques des vieilles races dont les destinées diverses viennent d'être rapidement esquissées, et ce sont eux qui constituent pour la plus forte part la population tunisienne.

En effet les véritables Arabes de race pure ne forment probablement pas beaucoup plus d'un dixième de la population totale. Ils sont répandus dans le centre et le sud de la Tunisie, où ils vivent à l'état nomade. Ceux qui se sont avancés le plus au nord sont les Djendouba qui cultivent la fertile plaine de la Dakhela de la Medjerda ; ils sont venus d'Egypte, il y a environ 800 ans. A côté d'eux se sont établies sous le nom d'Ouled Bou Salem des fractions arabes arrivées de divers côtés et rassemblées en 1583 par le marabout marocain Salem bou Merzoug. Les Riah, débris de l'une des puissantes tribus de la famille des Hilal-ben-Amer arrivées avec le grand

1. On trouve en Tunisie des monuments berbères à Elle, au mont Ousselet et à Seddada (Djerid).

flot de l'invasion arabe du XI⁰ siècle, occupent les plaines qui s'étendent au nord du Zaghouan et du Djoukar. Une de leurs fractions, les Ouled Saïd, s'est détachée du gros de la tribu, et franchissant la montagne, s'est fixée sur l'autre versant, dans l'Enfida. Un autre groupe mélangé avec des berbères arabisés a formé la tribu des Souassi qui habite les bords de la Sebkha Sidi-El-Hani. Les tribus voisines de Kaïrouan, Falhnassa, Arouch-Es–Sandjak, sont probablement d'origine arabe. Les Metellit qui parcourent tout le territoire situé au sud du Sahel et à l'ouest de Sfax se disent originaires de l'Hedjaz. Sont également arabes les deux puissantes tribus des Hamama et des Fraichiches, maîtresses des immenses plaines du sud de la Tunisie, et la petite tribu des Ouled-Sidi-Tlil, rassemblée il y a 400 ans par un marabout de ce nom et qui habite le long de la frontière algérienne vers Feriana. Ils ont pour voisins au nord les Ouled-Bou-Ghanem, eux aussi de race arabe. Dans toute la région montagneuse de l'ouest, on ne trouve plus en fait d'arabes que les tribus peu nombreuses des Arouch-Sandjak du Kef, des Ouled-Yacoub, des Ouled-Sidi-Mouellah et des Charrens. Ces derniers dont l'origine remonte, d'après eux, à un nommé Zghid qui vivait du Xᵐᵉ siècle de l'hégire et dont le nom signifierait « Compagnons du mal », descendent probablement de l'une de ces troupes d'aventuriers de tous pays qui s'étaient jointes à l'armée des envahisseurs. Pour en finir avec les Arabes, il faut mentionner encore les Trabelsia (Tripolitains) immigrés depuis peu, qui vivent sous des gourbis dans le nord de la Tunisie, louant leur travail aux cultivateurs.

La partie la plus nombreuse des habitants de la Tunisie, celle qui peuple les villes et presque tous les villages n'a point de caractère ethnologique tranché. Toutes les races qui ont dominé tour à tour dans le pays ou qui y ont eu seulement des représentants y ont laissé une part de leur sang. C'est ainsi que les trois races berbères, les Carthaginois, les Romains, les Vandales, les Byzantins, les Arabes, les Espagnols, les Turcs, les Nègres du Soudan, aussi bien que les Chrétiens de toutes les nations de l'Europe méridionale qui ont alimenté durant plusieurs siècles le personnel de l'esclavage dans la Régence, ont contribué à former cette population, sans aucun type accentué, de Tunis et des autres grandes villes de l'Afrique septentrionale, qui est connue sous le nom de « mauresque ». Les Tunisiens, comme du reste presque tous les indigènes sédentaires de l'intérieur, qui entrent pour plus de la moitié dans le chiffre total, sont de mœurs douces et paisibles, adonnés au commerce, à l'industrie ou la petite culture, et généralement très-amis de l'instruction. Ce sont là les caractères distinctifs de la population du Cap Bon et du Sahel. Celle des oasis sahariennes du Djerid et du Nefzaoua (1), dont les ancêtres étaient berbères, mais qui a été, dans la suite du temps, fortement mélangée d'arabes et de nègres, se distingue par un zèle religieux plus ardent et moins éclairé.

L'un des éléments qui se sont conservés le plus purs de mélanges étrangers parmi les habitants sédentaires du sol tunisien, est celui des Andalous. On appelle de ce nom dans le nord de l'Afrique les musulmans berbères et arabes qui, chassés d'Espagne après plusieurs centaines d'années de domination, furent obligés à la fin du xvme siècle de repasser le détroit et d'aller demander un asile, dans la patrie de leurs aïeux, à leurs coreligionnaires africains. Ils forment encore aujourd'hui le noyau principal de la population de plusieurs villes ou villages du nord de la Tunisie, tels que Tebourba, Testour, Zaghouan, Soliman, Grombalia, Nabeul, où ils ont conservé comme une tradition précieuse la culture des jardins et des arbres à fruits.

Le petit village de Tourki dans la plaine de Soliman a été, ainsi que son nom l'indique, une colonie militaire turque. Ses habitants revendiquent encore leur origine ottomane.

Parmi les tribus nomades ou sédentaires de la Tunisie un certain nombre sont composées de berbères. Soumises par les Arabes, ayant adopté leur religion, leur langue et une partie de leurs coutumes, il leur est cependant resté une individualité propre qui les distingue de leurs anciens conquérants. Elles

---

1. Le Nefzaoua tire son nom d'une peuplade berbère qui l'habitait avant l'invasion arabe, et que Ibn-Khaldoun classe parmi les subdivisions de la race de Loua ou libyenne.

ont conservé des traditions et des légendes, qui, lorsqu'elles seront mieux connues, permettront de reconstituer leur histoire. On les rencontre généralement dans les montagnes du nord et du centre, et sur quelques points isolés où il leur a été possible de lutter plus longtemps pour la conservation de leur nationalité. Les Mogods, les Nefza (1), les Mekna, les Béjaoua, une partie des Khroumirs (2), les Béni Mazen, presque toutes les peuplades en un mot du massif septentrional peuvent être classées à peu près sûrement parmi les berbères. Les montagnes de la Tunisie centrale, la Kessera, le Serj, le Bargou, sont aussi peuplées de berbères dont un certain nombre sont restés sédentaires. Les Ouled Ayar, qui habitent la Hamada voisine, ont la même origine, bien qu'ils vivent mélangés avec quelques fractions arabes.

Le Djebel Ousselet, situé à l'ouest de la Kessera, a été habité longtemps par une industrieuse population berbère, qui y cultivait l'olivier et les fleurs pour la parfumerie. Il n'y a pas plus d'un siècle et demi que les Ousselétia, vaincus après une lutte terrible avec leurs voisins arabes, furent dispersés par ordre du Gouvernement Tunisien dans toute l'étendue de la Régence ; leurs villages en ruines n'ont pas été rélevés, et le pays est resté désert (3).

On cite encore comme berbères les villages de Djeradou, de Takrouna et de Zriba dans l'Enfida, et celui de Djebeliana à 33 kil. au nord de Sfax : perchés sur des sommets escarpés, ils rappellent par leur situation et le mode de construction de leurs maisons les villages de la Grande Kabylie.

M. Henri Duveyrier range également parmi la population

---

1. Les Nefza sont venus du Nefzaoua, sous la conduite de Mbarek-Ben-Ali-En-Nefati, probablement à l'époque où leur pays d'origine ainsi que le Djerid ayant été conquis par les Arabes, une grande partie de la population émigra au loin.

2. Les Khroumirs se disent les descendants d'un marabout, Sidi Abd-Allah-El-Khoumiri, dont le tombeau se trouve à peu de distance d'Aïn-Draham, et qui fut vraisemblablement le conquérant arabe du pays. Voir notre ouvrage: *Par delà la Méditerranée, Kabylie, Aurès, Kroumirie*, p. 278. -- Paris 1887, chez Plon, Nourrit et Cie.

3. La légende des Ousletia (*Journal Officiel Tunisien* du 13 Mars 1884).

berbère les deux grandes tribus des Drids (1), partagés entre les environs du Kef et ceux de Béja, et des Zlass voisins de Kairouan.

Il faut mentionner enfin deux groupes berbères qui ont conservé plus que tous les autres leur cachet particulier et leurs usages antiques : les Ouerghamma et les Djerbiens.

Les Ouerghamma habitent dans le Sahara tunisien, au sud des Chotts et jusqu'à la frontière tripolitaine. Ce sont d'intrépides guerriers dont la soumission au gouvernement beylical n'a jamais été bien complète jusqu'au moment où les colonnes françaises ont parcouru leur pays. De race libyenne, ils parlent un dialecte berbère, possèdent une jurisprudence civile indépendante du Koran et réglée par des Kanouns écrits, et ont un gouvernement populaire qui n'est pas sans analogie avec l'ancienne constitution kabyle.

Les Djerbiens habitent l'île de Djerba et ont des colonies nombreuses et riches fixées à Tunis, à Alexandrie et à Constantinople. Le commerce est leur occupation favorite, celle vers laquelle les portent toutes leurs aptitudes. Originaires du Djebel Nefouza en Tripolitaine, ils sont fixés dans leur île depuis environ 900 ans. Ils sont bruns de teint (2) et parlent un dialecte berbère voisin de celui des Mozabites qui appartiennent à la même race qu'eux. Ils sont Wahabites de religion. Leurs enterrements se font toujours de nuit et en secret ; le mystère dont ils les entourent étonne les Arabes qui répandent à ce sujet des fables ridicules.

Il convient de ne pas oublier une race qui occupe en Tunisie une place notable : c'est la race juive. Il y a eu des Israélites établis à Tunis depuis une très-haute antiquité ; d'après les traditions qu'ils ont conservées, leurs ancêtres y seraient venus pour la première fois 200 ans avant Jésus-Christ. Ils étaient peu nombreux et réléguès dans un fondouk

---

1. Les avis sont partagés au sujet de l'origine des Drids que certains considèrent comme arabes.

2. C'est par erreur que Tissot (*Géographie comparée de la Province Romaine d'Afrique* t. I, p. 404) range les habitants de Djerba parmi les berbères blonds.

hors de la ville, lorsque Sidi-Mahrez, qui est devenu le patron arabe de la ville de Tunis, obtint pour eux l'autorisation
d'habiter dans l'intérieur des murailles, autour de la mosquée
qu'il avait fait bâtir : ce fut l'origine du quartier de la
« Hara », où ils ont été relégués jusqu'à ces dernières années. La grande synagogue fut construite il y a juste 950
ans, en l'année 355 de l'hégire, ainsi qu'en témoigne une inscription gravée sur cet édifice. Les Israélites de Djerba font
remonter plus haut encore l'établissement de leurs ancêtres
dans cette île : ils y seraient venus à l'époque de la première destruction du temple de Jérusalem.

Les Juifs tunisiens parlent l'arabe, mais ils ont conservé
l'usage de l'hébreu pour leurs actes : ils ont des notaires de
leur race chargés de les rédiger. Les hommes ont adopté des
vêtements qui se rapprochent beaucoup de ceux des Maures ;
mais les femmes portent probablement encore l'antique cos-
tume dont on trouve la description dans la Bible. La population israélite de la Tunisie peut être évaluée à environ 50,000
âmes.

Dans l'énumération des divers éléments qui constituent la
population tunisienne, une mention est due aux nègres. On
rencontre à Tunis des noirs venus de toutes les parties de
Sahara et du Soudan; Ouargla, le Touat, le Fezzan, le Ouadaï,
le Bornou, le Haoussa y ont des représentants. Il sont groupés
par nationalités dans des fondouks ou auberges, sous la direction de cheiks qui s'emploient à leur procurer du travail et qui
se rendent pécuniairement responsables des vols que pourraient commettre les hommes placés sur leur recommanda-
tion. Les nègres ont certaines spécialités : ceux de Ouargla,
les Ouaregli (1), sont tous domestiques ; d'autres sont terras-
siers ; d'autres enfin sont maçons, mais construisent uniquement les terrasses des maisons. La plus grande partie se
compose d'anciens esclaves libérés ou de descendants d'esclaves (2). Mais il existe aussi entre le Fezzan et Tunis un

1. Dans le langage courant, Ouaregli est devenu synonyme de domestique.
2. L'esclavage des nègres a été aboli en Tunisie par décret de Moharem
1262 (Janvier 1846). Quatre ans auparavant une famille entière, pour

courant d'émigration libre qui semble s'accentuer depuis quelques années. Les Fezzani quittent leurs oasis à la suite des caravanes en qualité de conducteurs de chameaux et atteignent ainsi Tripoli; avec l'argent qu'ils ont gagné pendant ce voyage, ils s'embarquent et viennent en Tunisie louer leurs bras aux colons.

VI

Religions

ISLAM. — La religion professée par l'immense majorité des Tunisiens est l'Islam. Pour donner une idée exacte des dogmes qu'elle enseigne, on ne saurait mieux faire que de reproduire ici le résumé qu'en a récemment écrit le Cheik-ul-Islam de Constantinople (1).

« La religion islamique a pour base la foi en l'unité de Dieu et en la mission de son serviteur le plus cher, Mohammed (que Dieu le comble de ses bienfaits et lui accorde le salut), c'est-à-dire qu'il faut confirmer en conscience cette foi et l'avouer par la parole, en répétant le verset arabe qui l'exprime : «Il n'y a qu'un Dieu et Mohammed est son Prophète. » Celui qui fait cette profession de foi devient musulman, sans qu'il soit besoin de l'approbation ou du consentement de personne...

« Voilà la définition sommaire de la foi ; maintenant en-

échapper aux mauvais traitements d'un maître brutal, avait cherché un refuge au Consulat de France. Le Chargé d'affaires obtint sa mise en liberté et décida Ackmet-Bey à déclarer libre tout enfant qui naîtrait de parents esclaves. Le décret d'émancipation définitif fut obtenu plus tard par les efforts réunis de la France et de l'Angleterre. (Dunant, *Notice sur la Régence de Tunis* p. 62).

1. Ce document est une lettre adressée par le Cheik-ul-Islam, Ahmed Essaad, le 3 janvier 1888, à un européen qui lui avait manifesté le désir d'embrasser la religion musulmane ; il a été publié intégralement par *Journal des Débats* du 18 janvier 1888. Ainsi qu'on le verra plus loin, p. 49, le Cheik-ul-Islam est le chef du clergé musulman.

trons dans quelques développements. L'homme qui est supérieur aux autres animaux par son intelligence, a été tiré du néant pour adorer un Créateur. Cette adoration se résume en deux mots : honorer les ordres de Dieu et compatir à ses créatures. Cette double adoration existe dans toutes les religions. Quant à sa pratique, les religions diffèrent au point de vue de la règle, de la forme, du nombre plus ou moins grand des rites, des temps, des lieux, des conditions et des ministres. Mais l'intelligence humaine ne suffisait point pour connaître la manière de prier de la façon la plus digne de la gloire divine. Dieu, dans sa clémence, en accordant à certains êtres humains le don de prophétie, en leur envoyant, par l'intermédiaire de ses anges, l'inspiration des écrits et des livres, et en révélant ainsi la vraie religion, a comblé ses serviteurs de ses bienfaits.

« Le livre de Dieu qui est descendu le dernier du ciel, est le Coran sacré, dont les dispositions invariables, précieusement conservées dès le premier jour dans des volumes écrits et dans la mémoire de milliers de récitateurs, dureront jusqu'au jour du jugement dernier.

« Le premier des Prophètes a été Adam, et le dernier, Mohammed (que Dieu leur accorde le salut). Entre ces deux Prophètes, bien d'autres ont passé sur la terre : leur nombre n'est connu que de Dieu seul. Le plus grand de tous est Mohammed ; après lui viennent Jésus, Moïse et Abraham (que Dieu leur accorde le salut !)

« Tous ces Prophètes ont menacé leurs fidèles du jour du jugement dernier ; aussi faut-il croire que les morts ressusciteront, qu'ils comparaîtront devant le tribunal de Dieu pour rendre leurs comptes et que les élus seront envoyés au paradis et les coupables en enfer. Toutes les actions de chacun en ce monde seront ce jour-là examinées une à une, et quoique tous les actes des soldats qui combattent pour la guerre sainte, même leur sommeil, soient considérés comme une prière, ceux-là aussi seront obligés au jour du jugement dernier de rendre leurs comptes. Il n'y a d'exception que pour ceux qui meurent pour la sainte cause, c'est-à-dire pour les martyrs, qui, sans interrogatoire, iront au paradis.

« De même il faut attribuer, comme un article de foi, le bien et le mal qui nous arrivent à la Providence de Dieu. Le croyant doit avoir foi en Dieu, en ses anges, en ses livres, en ses Prophètes, au jugement dernier, et attribuer le bien et le mal à la volonté divine. Celui qui professe ces vérités est un vrai croyant, mais pour être un croyant parfait, il faut accomplir ses devoirs, prier Dieu et éviter de tomber dans des péchés, tels que le vol, l'assassinat, l'adultère, la sodomie. Outre la profession de foi dont nous avons parlé plus haut, un bon musulman doit prier cinq fois par jour de vingt quatre heures, distribuer chaque année la quarantième partie de ses biens aux pauvres, jeûner pendant le mois de ramadan et faire une fois dans sa vie le pélerinage de la Mecque.

« Si un croyant ne se conforme pas à ces ordres de Dieu, et n'évite pas les actes qu'il défend, il ne devient pas pour cela un infidèle, mais il sera considéré comme un pécheur, c'est-à-dire comme un croyant égaré, et aura mérité, dans l'autre monde, une punition provisoire. Il reste à la disposition divine : Dieu lui pardonne, ou le condamne à passer en enfer un laps de temps en proportion avec les fautes commises.

« La foi annule tout péché ; celui qui se convertit à l'islamisme devient innocent comme s'il venait de naître, et il n'est responsable que des péchés qu'il commet après sa conversion. Un pécheur qui se repent et qui sollicite en personne de Dieu la rémission de ses péchés, obtient le pardon divin. Seulement les droits du prochain font exception à cette règle. Tout le monde est responsable sans exception vis-à-vis de son prochain, et pour éviter cette responsabilité que l'on retrouvera tôt ou tard, il n'y a qu'un moyen, celui d'obtenir le pardon de l'ayant droit. En tous cas, quelqu'un, pour se faire pardonner ses péchés, n'a pas besoin de l'intermédiaire d'un directeur spirituel.

« Tout cela paraît fort étrange aux peuples habitués au régime sacerdotal... Dans la religion musulmane, l'enfant naît musulman ; son père ou le chef de la famille lui donne un nom. Lorsqu'ils veulent contracter mariage, l'homme et la femme ou leurs mandataires seuls s'engagent en présence de deux témoins ; les contractants ne sont que les intéressés ; d'autres que ceux-là ne peuvent intervenir dans le contrat ni s'y associer. Un musulman prie tout seul, dans tous les lieux à sa convenance, et il implore directement Dieu pour la rémission de ses péchés ; il ne les confesse pas à autrui et il ne doit pas le faire. A sa mort les habitants musulmans de son quartier ou de sa ville sont obligés de le mettre dans un linceul et de l'inhumer. Tout musulman peut accomplir ce devoir, la présence d'un chef religieux n'est pas nécessaire. En un mot, dans tous les actes religieux, il n'y a pas d'intermédiaire entre Dieu et ses serviteurs...

« Une des choses auxquelles tout musulman doit être attentif est la droiture dans le caractère ; révérer les grands et compatir aux faibles sont des préceptes islamiques. »

L'islam se divise en quatre rites orthodoxes qui ne diffèrent que par l'interprétation de certains dogmes secondaires. Ce sont : le hanéfite, le malékite, le chafaïte et le humbélite ; chacun d'eux a pris le nom de son fondateur Les chiaïtes, descendants des partisans d'Ali, gendre de Mohamed, sont considérés comme hérétiques. Les deux premiers rites sont les seuls représentés en Tunisie. Les adhérents du rite malékite sont les plus nombreux ; le rite hanéfite a été importé par les Turcs : c'est à lui que se rattachent S. A. le Bey et la famille beylicale. Les Djerbiens et les Mozabites seuls sont chiaïtes.

Le rôle du clergé musulman est clairement défini dans le document auquel sont empruntés les extraits cités plus haut : « Notre devoir à nous, (les membres du clergé), dit le Cheik-ul-Islam, ne consiste qu'à donner au peuple l'enseignement religieux et à lui apprendre ce qu'il ignore. » Le prêtre porte le nom d'*imam*, qui signifie *président*, parce que c'est lui qui préside à la prière publique. A l'heure du culte les fidèles se rangent en lignes et debout dans les mosquées, en regardant du côté d'un enfoncement de la muraille qu'on appelle *mirab*, et qui indique la direction de La Mecque. En face d'eux se tient l'imam qui récite la prière à haute voix et indique les génuflexions que suivent tous les assistants. Certains imams sont spécialement chargés de la prédication. A la tête du clergé hanéfite est placé le Cheik-ul-Islam ; il a un droit de préséance sur le bach-mufti, chef du clergé malékite. Les mosquées de Tunis sont réparties entre les deux rites. Il n'existe pas de budget des cultes, chaque mosquée étant entretenue par les revenus de fondations pieuses inaliénables.

Le titre de *Ahalem* (pluriel *Oulema*) est un titre scientifique, mais qui suppose surtout des connaissances théologiques étendues. Il s'acquiert par un examen et permet à ceux qui en sont revêtus de postuler certaines fonctions qui leur sont réservées, telles que celles de professeurs dans les mosquées. Les Oulemas jouissent d'une très-grande considération. Ils ont le droit, dans des circonstances graves, de présenter des observations au Souverain, si sa conduite politique leur paraît de nature à mettre en danger les intérêts de la religion.

On appelle *chorfa* (au singulier *cherif*) les descendants du Prophète. Ils peuvent seuls porter un turban vert, signe visible de leur noble origine.

Le *marabout* est un homme qui s'est fait remarquer par ses vertus et par sa piété : c'est le « croyant parfait » dont parle le Cheik-ul-Islam de Constantinople. Un tel homme est de son vivant l'objet de la vénération des fidèles. Après sa mort, ses descendants bénéficient du même respect, jusqu'à ce que l'un d'eux s'en montre indigne par ses vices ou ses crimes et soit voué au mépris public. Il s'est ainsi constitué en pays musulman une sorte de noblesse religieuse héréditaire, mais qui peut se perdre par l'indignité notoirement reconnue du titulaire.

Quelques-uns des plus fameux parmi ces saints de l'islam ont fondé des confréries religieuses. Ces associations n'ont aucune idée théologique qui leur soit propre ; elles ont pour but simplement d'entretenir l'esprit religieux et la fidélité aux prescriptions du Prophète. Les adhérents ou *akhouann* (frères) choisissent pour patron le fondateur de l'ordre, contribuent par leurs dons à la prospérité de son œuvre et ajoutent aux prières obligatoires, une prière particulière qu'il a composée et qui devient le signe de ralliement de la confrérie tout entière. Le fondateur commence par construire, dans un lieu convenablement choisi, une mosquée dont il est le desservant. Dans les bâtiments environnants, il ouvre une école où il enseigne surtout le Coran, et il offre une large hospitalité aux pèlerins de passage et aux voyageurs pauvres ; il distribue enfin aux malheureux d'abondantes aumônes. Cette institution, à la fois lieu de culte, école et établissement de bienfaisance, s'appelle une *saouia*. Pour subvenir aux dépenses qu'elle entraîne, le marabout fait des collectes, ou envoie ses disciples quêter au loin parmi ses adeptes. Lorsque la confrérie s'est accrue et a réuni dans un pays de nombreux adhérents, le chef envoie un *mokadem* (délégué) y fonder une nouvelle zaouia, succursale de la maison-mère. C'est ainsi que l'ordre peut progresser et s'étendre de proche en proche jusqu'aux extrémités du monde musulman. Certaines confréries sont extrêmement riches et puissantes et mettent leur influence au service d'une action politique.

CULTE ISRAÉLITE. — Les israélites de Tunisie ont été pendant plusieurs siècles en butte aux persécutions les les plus cruelles et aux avanies les plus humiliantes. La peine de mort était prononcée contre eux dès qu'ils étaient convaincus d'avoir manqué de respect au culte de la majorité. Ils étaient alors brûlés vifs, après avoir été revêtus d'une chemise enduite de goudron. La dernière exécution de cette nature eut lieu en 1818 (1). Depuis lors ce supplice fut remplacé par celui de la pendaison. Il était interdit aux juifs de porter une autre coiffure que le turban noir et de passer devant les mosquées ; ils devaient céder le pas aux musulmans qu'ils rencontraient dans les rues. En 1857 un israélite fut condamné à mort pour avoir, dans une discussion avec un arabe, proféré des injures contre Mahomet ; il fut exécuté malgré l'intervention du consul de France, M. Léon Roches, qui avait vainement demandé sa grâce au gouvernement beylical. Peu de temps après une escadre parut devant La Goulette pour appuyer cer-

_____
1. Henry Dunant. *Notice sur la Régence de Tunis*, p. 67.

taines réclamations de la France. Un traité fut signé à la suite
duquel fut promulguée la Constitution tunisienne de Mohamed
Bey. Elle renfermait un article qui reconnaissait aux israëlites
leurs droits civils et leur liberté religieuse (1). Les événements
ne permirent pas à cette Constitution de fonctionner. Seuls
les israëlites en bénéficièrent ; ils obtinrent depuis ce moment un traitement plus équitable, et ils purent abandonner
le turban noir et porter la chéchia, signe visible que leur éga-
lité avec les musulmans était reconnue et proclamée. C'est
seulement depuis l'occupation française qu'ils sont autorisés
à habiter dans les quartiers musulmans.

Les Israëlites de Tunis se divisent en deux communautés.
La communauté *tunisienne* est composée des familles très-an-
ciennement établies dans le pays et de leurs coreligionnaires
venus des pays musulmans. La communauté *portugaise*, que
l'on appelle communément *livournaise (grana)*, descend des
juifs expulsés du Portugal qui séjournèrent à Livourne et sur
d'autres points de l'Italie avant de se fixer à Tunis ; ils réunissent autour d'eux les israëlites émigrés des différents pays
chrétiens de l'Europe. Les deux communautés, qui sont cons-
tituées à part depuis le commencement du XVIIIme siècle, ne
se distinguent par aucune différence dans le culte, mais ont
des rabbins différents, nommés par décret de S. A. le Bey.

Les frais de culte et les secours aux indigents sont fournis
par une caisse spéciale, alimentée en majeure partie par un
monopole de la boucherie juive. L'administration de cette
caisse est confiée à une commission de cinq membres élus
chaque année par le conseil des rabbins, sous la présidence
du Caïd des israëlites (2). Ce fonctionnaire est chargé de contrôler l'administration des revenus de la Communauté, de
proposer les rabbins au choix de S. A. le Bey et de servir
d'intermédiaire entre les israëlites et le Gouvernement.

CULTES CHRÉTIENS. — La liberté des cultes est
entière en Tunisie. Contrairement aux fausses idées qui ont

1. Pacte fondamental de la Constitution de 1857, art. III et IV.
2. Les décrets des 26 Chaoual et 4 kada 1305 (5 et 13 Juillet 1888)
ont supprimé le monopole de la boucherie juive, qui est remplacé désormais par une taxe sur la viande abattue perçue au profit des indigents, et

cours en Europe au sujet du « fanatisme musulman », le Gouvernement Beylical a toujours usé d'une large tolérance à l'é-
gard de la religion chrétienne. Le naturaliste Desfontaines (1)
qui visita le nord de l'Afrique à la fin du siècle dernier, fit
déjà la remarque que tous les cultes étaient tolérés à Tunis.
En remontant plus haut encore dans l'histoire, on pourrait
rappeler que les souverains musulmans de l'Afrique ont eu
à diverses époques à leur service des corps de troupes composés de mercenaires chrétiens.

Le culte catholique est célébré à Tunis depuis l'année
165?. Primitivement la chapelle était située dans l'intérieur
du Consulat de France. L'église des Capucins qui existe encore
a été ouverte vers 1837 (2). La Tunisie forme le diocèse de Carthage administré par un Cardinal-Archevêque et son coadju-
teur. La ville de Tunis est divisée en deux paroisses. Il y a aussi des paroisses à St.-Louis-de-Carthage, La Goulette, Porto-
Farina, Bizerte, Sousse, Monastir, Mahedia, Djerba, Sfax,
Béja, Le Kef, Hammamet, Enfida-ville et Gafsa. La population catholique de la Tunisie peut être évaluée à environ
40.000 âmes, dont 30.000 dans la ville même de Tunis : elle
comprend la presque totalité de la population européenne.
L'hôpital St-Louis et le collège St.-Charles, pour la partie administrative seulement, relèvent de S. E. le Cardinal. Il existe
à Tunis un établissement de Petites Sœurs des Pauvres.

Le Protestantisme est représenté en Tunisie par une église
française et une église anglaise. La première, organisée depuis
l'occupation, possèdera bientôt un temple qui s'élèvera sur un
terrain dû à la générosité du Gouvernement de S. A. le Bey.
L'église anglicane existe depuis plus longtemps; sa chapelle a
été construite en 1875. Le chapelain qui y célèbre le culte est
le directeur à Tunis de la « London Society for promoting
Christianity amongst the Jews », société qui se propose la

---

ont réorganisé l'administration de la caisse de secours et de bienfaisance
israélite.

1. *Fragments d'un voyage dans les Régences de Tunis et d'Alger, fait
de 1786 à 1788.*

2. Le bâtiment qu'elle occupe était autrefois l'hôpital des esclaves chrétiens, desservi par les Trinitaires espagnols.

conversion des Israëlites. On compte en Tunisie quelques centaines de protestants, presque tous de langue française.

On trouve enfin à Tunis une église Grecque Orthodoxe.

VII

Statistique de la population

En 1811 la Tunisie figurait pour 950,000 âmes dans le recensement général de l'Empire Ottoman. Des renseignements recueillis en 1867 ou 1868 par M. Henry Duveyrier (1) auprès du Gouvernement Tunisien fixaient cette même population à 1,007,200 habitants.

Peu de temps après la signature du traité se Kassr-Saïd l'autorité militaire essaya de faire un recensement. Elle se heurta à des difficultés considérables. Aux préjugés qui ont cours chez les peuples ignorants, même en Europe, et qui font considérer toute tentative tendant à établir une statistique de la population comme liée à la création de nouveaux impôts ou aux opérations du recrutement militaire, s'ajoutent en pays musulmans les idées religieuses et les mœurs qui rendent suspectes les investigations relatives au mariage et à la famille. Par suite de l'absence des tribus insurgées qui à ce moment avaient cherché un refuge en Tripolitaine, mais surtout par suite de dissimulations évidentes, les Bureaux de Renseignements ne trouvèrent que 693,150 habitants en Tunisie (2). Quelques années plus tard, M. Balut, dans son *Annuaire Tunisien* de 1887, indiquait le chiffre de un million d'habitants, d'après des renseignements qui lui avaient été en partie communiqués par l'Etat-Major du corps d'occupation.

Dès le début de l'organisation des Contrôles Civils, la Résidence Générale s'est préoccupée de recueillir des renseignements statistiques sur les populations de la Régence. Un recensement a été entrepris dans chacune des circonscriptions ; mais ce travail n'est pas encore terminé partout, et les ré-

1. *La Tunisie* p. 2.
2. La ville de Tunis était restée en dehors de ce recensement.

sultats qui sont déjà connus, obtenus pour la plupart au moment même de l'installation des services, et sans qu'il ait été possible de s'entourer de toutes les garanties nécessaires, ne doivent être considérés que comme provisoires.

On a essayé cependant, à l'aide de ces renseignements et de ceux que l'on a pu puiser à d'autres sources, d'établir le tableau statistique N° 6, qui ne devra pas être considéré comme ayant la valeur d'un document définitif.

TABLEAU N° 6.

STATISTIQUE PROVISOIRE DE LA POPULATION

Ville de Tunis	150,000	
» de la Goulette	4,500	
Contrôle de Tunis	32,673	
» de Nabeul	59,097	(Statistique du Contrôleur)
» de Zaghouan	25,982	» » »
» de Béja	27,036	» » »
» de Bizerte	74,310	» » »
» de Souk-el-Arba	30,905	
» du Kef	90,022	(Statistique du Contrôleur)
» de Maktar	27,036	» » »
» de Kairouan	70,760	» » »
» de Sousse	153,691	» » »
» de Sfax	70,000	
» de Djerba	45,000	
» de Touzeur	15,515	
Cercle d'Aïn-Draham	18,181	
C° de Sousse et cercle de Gafsa	34,301	
Arad	119,000	
Total	1,078,080	

La plupart des chiffres ci-dessus sont probablement trop faibles ; il est facile de le constater pour plusieurs. Ainsi M. le Contrôleur Civil de Sousse, postérieurement à l'établissement de sa statistique, évaluait à 200,000 âmes la population du

Sahel, ce qui porterait à 225,000 habitants la population totale de sa circonscription. On peut supposer que lorsque l'on possédera des moyens de recherches plus sûrs que ceux qui ont été employés jusqu'à ce jour, on trouvera le chiffre réel de la population tunisienne entre 1,200,000 et 1,500,000 habitants.

TABLEAU N 7.

POPULATION DE LA VILLE DE TUNIS (1)

Indigènes musulmans .	80,000
» israélites . .	40,000
Italiens.	15,000
Maltais.	7,500
Français.	6,000
Divers	1,500
	150,000

En 1853, Pélissier attribuait à Tunis une population de 70,000 habitants. D'après Victor Guérin, cette ville comptait, en 1860, 90,000 âmes, dont 60,000 musulmans, 20,000 israélites et 10,000 chrétiens (5,000 maltais, 3,000 italiens et 2,000 autres européens.) En 1881 il n'y avait à Tunis que quelques centaines de français.

TABLEAU N· 8.

POPULATION DES PRINCIPALES VILLES DE TUNISIE

Tunis	150,000
Sfax.	40,000
Kairouan . .	20,000
Sousse	10,000
Msaken . . .	9,000
Mahedia. . .	7,572
Nabeul. . . .	7,111
Hammamet.	6,101
Monastir. . .	5,611
Bizerte	5,000
La Goulette.	4,500
Djemmal. . .	4,479
Le Kef. . . .	4,000

1. Garnison non comprise.

Il n'est pas possible de donner des chiffres absolument certains pour la population européenne de la Tunisie ; le tableau N° 9 a été établi d'après les renseignements les plus précis qu'il ait été possible de se procurer.

TABLEAU N° 9.

POPULATION EUROPÉENNE

Italiens	20,000
Français et Algériens	15,600
Maltais	11,060
Divers	2,000
Total	**48,660**

TABLEAU N° 10.

POPULATION FRANÇAISE

Tunis (population civile)	6,000 (1)
Intérieur » »	2,000
Algériens musulmans	5,000
» israélites	2,600
Total	**15,600**

TABLEAU N° 11

POPULATION ANGLO-MALTAISE

Tunis	7,500 (2)
Bizerte	60
Mateur	16
Tabarka	6
Porto-Farina	100
A reporter	**7,682**

1. Dans ce nombre 2,700 seulement sont inscrits au Consulat. Il est regrettable qu'une forte partie de la population française néglige ainsi de se faire connaître officiellement du Représentant de la nation.

2. Dans ce chiffre on ne compte qu'une vingtaine d'anglais.

Report	7,682
Le Kef.............	12
Sfax...............	1,080
La Goulette.........	315
Malga-Marsa-Le Kram.	75
Monastir...........	200
Béja..............	39
Djerba............	328
Zarzis.............	16
Gabès.............	153
Mahedia...........	160
Sousse	960
Enfid..ville.........	40
Total	11,060

DEUXIÈME PARTIE.

GOUVERNEMENT & ADMINISTRATION

I

Administration générale

GOUVERNEMENT DE S. A. LE BEY. — Dans tous les pays musulmans, le pouvoir politique est inséparable de l'autorité religieuse. Mahomet, en sa qualité de Prophète de Dieu, était, en droit, le maître du monde. Après sa mort, ses lieutenants, les premiers Khalifes, ont continué à être les chefs effectifs de la religion, en même temps que les souverains temporels de l'empire arabe. Mais par la suite, les sultans de Constantinople, qui s'étaient substitués à eux, en vertu du droit que leur donna la victoire, ont renoncé à accomplir personnellement les cérémonies du culte ; tout en restant nominalement les chefs spirituels de l'Islam, ils ont délégué leurs fonctions religieuses à des dignitaires spéciaux, tels que le Cheik-ul-Islam et les imams, et se sont renfermés dans leurs attributions politiques.

Les Souverains de la Tunisie ont tenu pendant longtemps leurs pouvoirs du Sultan, dont ils n'étaient primitivement que les préfets ou les gouverneurs. Cette sujétion avait fini par devenir simplement nominale, lorsque Achmet-Bey, avec l'appui du roi Louis-Philippe, rompit les derniers liens de vassalité qui l'unissaient à la Porte Ottomane. Dès lors, il exerça dans la Régence, de même que ses successeurs après lui, les mêmes prérogatives que les sultans de Constantinople et les empereurs du Maroc dans leurs états respectifs, et nomma tous les fonctionnaires civils et religieux. Mais, à la différence des empereurs marocains qui, forts de leur titre de descendants du Prophète, affectent de traiter leurs rivaux de Constanti-

4

nople en usurpateurs, les Beys de Tunis ont toujours professé un grand respect pour le Sultan et ne lui contestent pas le titre de Commandeur des Croyants. Dans les mosquées de Tunisie, des prières sont dites pour S. A. le Bey et pour le Sultan.

Le traité du Bardo, qui a placé la Tunisie sous le protectorat de la France, n'a donc rien innové dans les rapports politiques et religieux de ce pays avec la Porte.

S. A. le Bey, « possesseur du royaume de Tunis », réunit dans sa personne tous les pouvoirs. Il gouverne par le moyen de ses ministres qui sont au nombre de quatre : le ministre des affaires étrangères, qui est toujours le Ministre Résident Général, représentant de la puissance protectrice ; le Premier Ministre, qui est chargé de la direction des affaires intérieures du pays et est placé à la tête de l'Administration Générale ou « Ouzara (1) » ; le Ministre de la Plume, qui seconde le Premier Ministre et est chargé plus spécialement des affaires religieuses ; enfin le Ministre de la Guerre, qui est toujours le général commandant le corps d'occupation français. A leur côté trois chefs de services : le Directeur Général des Travaux Publics, le Directeur des Finances et le Secrétaire Général du Gouvernement Tunisien, siègent au Conseil des Ministres.

Au point de vue administratif, la Tunisie est divisée en 69 amal ou caïdats, gouvernés chacun par un amel ou caïd, correspondant directement avec le Premier Ministre. Le caïd est, dans son commandement, le représentant du pouvoir central ; il est chargé de maintenir l'ordre et de rendre la justice dans les affaires correctionnelles qui n'emportent pas une peine supérieure à 15 jours de prison (2), et même dans les affaires civiles de peu d'importance qui concernent des questions mobilières ; il doit déférer aux tribunaux celles qui dépassent sa compétence ; enfin c'est à lui qu'incombe la perception des impôts. Ses attributions résument celles qui sont dévolues, en France, au préfet, au commissaire de police, au juge de paix

1. L'Ouzara (ministère) comprend trois sections : la section d'Etat, la section des Affaires civiles et la section des Affaires pénales.

2. Il est interdit aux caïds d'infliger des amendes. (Circulaire du 22 juin 1884).

et au percepteur des contributions. Les caïds sont nommés par décret de S. A. le Bey, sur la proposition de S. E. le Premier Ministre et avec l'agrément du Ministre Résident et du Général commandant la Brigade d'occupation. Ils sont tenus d'adresser chaque mois au Gouvernement un relevé conforme à leurs régistres, de toutes les affaires qui leur ont été soumises. Dans les caïdats importants, ils sont autorisés à choisir, pour les seconder dans l'exercice de leurs fonctions, des *khalifa* (lieutenants), dont ils ont à payer les appointements, mais qui doivent être nommés par décret.

Chaque *amal* est divisé en un certain nombre de *fractions*, à la tête de chacune desquelles est placé un *cheik* qui est le re présentant du caïd. La nomination de ces fonctionnaires donne lieu à une procédure particulière. Chaque fois qu'un cheikat est vacant, le caïd convoque la fraction qui, après délibération, désigne par un vote le cheik qu'elle désire, et pour lequel elle se porte caution vis-à-vis du Trésor. Mais cette élection n'a que le caractère d'une proposition. Le procès-verbal, dressé par un notaire, est adressé au Gouvernement. Dans le cas où le candidat est agréé, le choix de la fraction est ratifié par un décret de S. A. le Bey.

PROTECTORAT. — Parallèlement au Gouvernement Tunisien fonctionne le Protectorat, qui a à remplir une mission de surveillance.

Par le traité du Bardo ou de Kassr-Saïd (12 mai 1881) et la convention annexe du 8 juin 1883, la France s'est engagée à assurer l'ordre public et la tranquilité en Tunisie, à protéger les frontières contre toute attaque, à garantir la dette publique et à indiquer à S. A. le Bey « les réformes administratives, judiciaires et financières » utiles au pays. Elle est représentée à Tunis par un « Ministre plénipotentiaire, Résident Général de la République Française », qui est chargé de veiller à l'exécution du traité de Protectorat et d'inspirer la politique générale du Gouvernement Tunisien dans un sens conforme aux conventions. Il est ministre des affaires étrangères de S. A. le Bey et président du Conseil des Ministres.

Sous les ordres du Résident Général et en correspondance

directe avec lui, sont placés des Contrôleurs Civils français, destinés à propager, jusque dans les points les plus reculés du pays, l'impulsion nouvelle que le Protectorat est venu imprimer à la Tunisie. Leur rôle consiste à surveiller l'administration et la gestion des Caïds, à s'assurer que les ordres qui leur sont adressés de Tunis sont fidèlement exécutés, et en même temps, à leur conseiller les améliorations de toute nature que peut réclamer la situation de leur territoire. Ils remplissent dans leur circonscription, les fonctions de vice-consul de France.

Une partie de la Tunisie, la Khroumirie et le Sud de la Régence, est restée placée sous la surveillance directe de l'autorité militaire. Des Officiers de Renseignements, répartis sur toute l'étendue du territoire de ces deux régions, tiennent le Commandant de la Brigade d'occupation au courant de tous les faits de nature à intéresser l'ordre public.

TABLEAU DES CIRCONSCRIPTIONS ADMINISTRATIVES
DE LA TUNISIE

CONTROLES CIVILS	CAÏDATS
Tunis	Banlieue de Tunis (La Marsa, l'Ariana, la Manouba, Mornak et Hammam-Lif). Tebourba et la Sebala.
La Goulette . .	La Goulette.
Nabeul	Soliman (Outan-el-Kably ou presqu'île du Nabeul. Cap Bon).
Zaghouan . . .	Caïdat des Riah (Khalifaliks de Zaghouan, Medjez-el-Bab, Testour, Guebollat et Bou Arada).

CONTROLES CIVILS	CAÏDATS
Béja	Béja. Drids.
Bizerte	Bizerte (Porto-Farina). Mogods. Mateur (Hedills). Béjaouas.
Souk-el-Arba .	Djendouba. Chiahias et Ouled bou Salem. Rekba.
Le Kef.	Le Kef (Ouled Yacoub, Touaba et Gouazine, Ouled Sidi Mouellah et Ouergha). Charren. Zeghalma. Khemensa et Doufan. Ouled Bou Ghanem. Ouartan. Drids. Beni Rezg. Teboursouk.
Maklar	Ouled Aoun. Ouled Ayar Dahra. Ouled Ayar Ghebala. Kessera et Ouled Yahia.
Kairouan . . .	Kairouan et Arouch Sendjak. Ouled Sendassen ⎫ Ouled Khalifa. ⎬ (Tribu des Zlass). Ouled Idir. ⎭ Kaoub et Gouazine. Madjeur.
Sousse	Sousse. Monastir. Mahedia. Djemal. Ouled Saïd (Enfida). Souassi.

CONTROLES CIVILS	CAÏDATS
Sfax	Sfax (Kerkennah). Métellit et Mehadeba.
Touzeur	Ouled-el-Hadeuf. (Touzeur). Zebda. » Alakma (Nefta). Chorfa » El Oudian. El Hamma. Nefzaoua. Gafsa (Bou Amran, El Guellar, Lala et Madjoura). Chebika, Tamerza et Midas.
Djerba	Djerba (île de).

Commandants Militaires	CAÏDATS
Tunis . . . . . (Officiers de renseignements à Ain-Draham)	Tabarka (Tribu des Khroumirs). Selloul » » Béni Mazen. Mekna.
Sousse	Ouled Rodoua, Ouled Messaoud et Horchan, (Tribu des Rodouan, fraction des Hamama). Doualis.
Gabès	Arad (Khalifaliks des Neffet, des Matmata, des Béni-Zid, des Hamerna, des Hazem et des Ouerghama).
Gafsa . . . . . (Officiers de renseignements à Gafsa et Fériana)	Ouled Sidi Hamadi. Ouled Sidi Ab-el-Melek. Ouled Maamar (Tribu des Hamama). Ouled Sellama » » » Ouled Mbarek » » » Ouled Aziz » » » Djebel (El Afacha, Sened et Méchecha). Fériana et Ouled Sidi Tlil. Ouled Ali et Ouled Nedji (Tala) (Tribu des Ouled Ouezzez. Fraichiche)

II

Communes de la Régence

Antérieurement au Protectorat. il existait une municipalité à Tunis. Elle avait été créée le 20 moharem 1275 (30 août 1858); mais l'absence de ressources assurées l'empêchait de fonctionner régulièrement. Le décret du 16 Djoumadi-et-tani 1300 (1er avril 1885), qui règle l'institution des Communes dans la Régence a entraîné sa réorganisation.

Les communes sont formées par décrets rendus sur le rapport de S. E. le premier ministre. Elles sont administrées par des conseils municipaux, composés en partie de sujets tunisiens et en partie d'européens choisis par le Gouvernement. En général, le président de la Municipalité est indigène et le vice-président français. Le conseil municipal de Tunis se compose de huit membres tunisiens, de huit membres européens, d'un membre israëlite nommés par décret ; ils sont remplacés par tiers chaque année. Le président et les adjoints sont nommés par décrets rendus en conseil des ministres et chefs de service.

La nouvelle municipalité a déjà introduit à Tunis de nombreuses améliorations. Elle a organisé un service de voirie, et installé dans la ville l'éclairage au gaz. Elle a construit en outre un marché dans le quartier français et des abattoirs pour lesquels on s'est inspiré du plan de ceux de La Villette.

Il existe actuellement des communes dans les six villes de Tunis, La Goulette, Sousse, Sfax, Le Kef et Bizerte. En outre des commissions municipales fonctionnent à Monastir, Mahedia, Kairouan, Souk-el-Arba, Béja, Gabès, Djerba, Ghardimaou, Nabeul et Touzeur.

Les tableaux suivants, font connaître le budget des communes tunisiennes pour l'exercice 1301.

BUDGET DES MUNICIPALITÉS

EXERCICE 1304
(du 13 Octobre 1886 au 12 Octobre 1887)

RECETTES

MUNICIPALITÉS	RECETTES Ordinaires (Taxes diverses).	RECETTES EXTRAORDINAIRES		TOTAL des Recettes extraordinaires	TOTAL GÉNÉRAL des RECETTES
		SUBVENTION de L'ÉTAT	Contributions payées par les propriétaires riverains des voies publiques, etc.		
Tunis.	674.991 P. 44	1.000.000 P.	667.798 P. 56	1.667.798 P. 56	2.342.790 P.
La Goulette. .	40.700 »	120.000 »	89.000 »	209.000 »	249.700 »
Sousse	130.830 »	95.000 »	11.351 »	106.351 »	237.181 »
Sfax.	132.160 »	110.000 »	25.010 »	135.010 »	267.170 »
Le Kef	12.717 » 95	140.500 »		140.500 »	153.217 » 95
Bizerte	20.067 »	120.000 »		120.000 »	140.000 »

BUDGET DES MUNICIPALITÉS

ENERCICE 1304

(du 13 Octobre 1886 au 12 Octobre 1887)

DÉPENSES

MUNICIPALITÉS	DÉPENSES ORDINAIRES		TOTAL des Dépenses ordinaires	DÉPENSES Extraordinaires (Travaux neufs, etc.)	TOTAL GÉNÉRAL des DÉPENSES
	Frais d'Administration et de PERCEPTION	Dépenses diverses (Travaux d'entretien, éclairage, bureaux, équilibre, police, justice, instruction, pompes funèbres, etc.)			
Tunis	950.903 P. 33	1.606.449 P. 15	1.957.352 P. 50	385.437 P. 50	2.312.790 P.
La Goulette . . .	22.391 » 50	81.314 » 29	103.705 » 79	114.478 » 50	218.184 » 29
Sousse.	24.205 » »	114.874 » »	139.079 » »	80.000 » »	219.079 » »
Sfax.	28.600 » »	81.431 » »	110.031 » »	95.000 » »	205.031 » »
Le Kef.	10.725 » »	48.578 » 95	59.303 » 95	93.914 » »	153.217 » 95
Bizerte.	11.065 » »	61.764 » »	72.809 » »	67.191 » »	110.000 » »

III

JUSTICE

I.

Tribunaux Français

TRIBUNAL DE TUNIS — Le tribunal de première instance de Tunis, créé par la loi du 28 mars 1883, a été installé le 21 avril suivant. Il fait partie du ressort de la Cour d'Appel d'Alger, et connait à la fois des affaires civiles, commerciales et criminelles. Dans les affaires civiles et commerciales, sa juridiction était limitée au début aux français et aux protégés français. Mais la loi d'organisation prévoyait qu'elle pourrait «être étendue à toutes les autres personnes par des arrêtés ou des décrets de S. A. le Bey, rendus avec l'assentiment du gouvernement français. » En effet, toutes les puissances ayant supprimé, dans le courant de l'année 1884, leurs tribunaux consulaires, la juridiction du tribunal français fut étendue par décret du 9 chaoual 1301 (31 juillet 1884), à toutes les affaires mobilières dans lesquelles des européens ou protégés des puissances européennes sont en cause, qu'ils soient appelés à l'instance en qualité de défendeurs ou de demandeurs. D'après une jurisprudence récente du tribunal français, cette juridiction est également compétente dans 'es questions de statut personnel et de successions, qui concernent des musulmans ou des israélites protégés européens. Le tribunal connait en matière immobilière de tous les procès entre européens ou protégés des puissances européennes. Quand un tunisien est en cause, le tribunal compétent en matière immobilière est le chara, mais les décisions de cette juridiction ne peuvent être exécutées contre les européens ou les protégés des puissances européennes qu'après avoir été revêtues de la formule exécutoire par le tribunal français. Le tribunal connait en dernier ressort des actions personnelles et mobilières jusqu'à la valeur de 3,000 fr. et des actions immobilières jusqu'à 120

francs de revenu; en premier ressort sa compétence est illimitée.
En matière correctionnelle, il statue en premier ressort sur
les délits et contraventions dont la connaissance n'est pas attribuée aux juges de paix.

Le tribunal français de Tunis juge également au criminel.
Il se constitue en Assises quatre fois par an par l'adjonction de
six assesseurs ayant voix délibérative. Ces assesseurs sont tirés
au sort sur une liste de 195 noms composée de personnes « âgées
de 30 ans au moins et d'une honorabilité reconnue (1) » et
divisée en trois catégories de 65 noms chacune, comprenant
la 1re les assesseurs français, la 2me les assesseurs étrangers,
et la 3me les assesseurs indigènes. Si l'accusé ou l'un des
accusés est français ou protégé français, tous les assesseurs
qui siègent doivent être de nationalité française. Si les accusés
sont étrangers, ils ont le droit de demander trois assesseurs de
leur propre nationalité ou de la nationalité de leur choix. S'ils
sont indigènes, trois des assesseurs doivent être français et les
trois autres tunisiens. Dans le cas enfin où parmi les accusés
les uns sont étrangers et les autres indigènes, le président
appelle à siéger deux assesseurs étrangers et un indigène.
Les accusés et le ministère public ont le droit de récuser deux
assesseurs.

En matière criminelle, la juridiction du tribunal s'étend
sur tous les français, européens et protégés de toutes les puissances européennes. Le décret du 2 septembre 1885 a décidé
en outre que le tribunal connaîtrait : de tous crimes commis
en Tunisie par des indigènes au préjudice des français ou
protégés français et des européens ou protégés des diverses
puissances européennes, ainsi que de tous les crimes ou délits
commis en Tunisie par des sujets tunisiens, lorsque des français, des européens ou des protégés des diverses puissances

---

1. Décret du 11 Avril 1883. L'art. 7 dispose que les fonctions d'assesseur ne
peuvent être remplies par des fonctionnaires français, tunisiens ou étrangers
par des militaires ou marins en activité de service, ni par des domestiques
ou serviteurs à gages. Le nombre des assesseurs inscrits, fixé par ce décret à 150, a été augmenté par celui du 22 novembre 1884.

de l'Europe seront auteurs principaux, co-auteurs ou complices.

Un décret du 19 juillet 1836 a créé une seconde chambre au tribunal de Tunis.

TRIBUNAL DE SOUSSE — Le décret du 1er décembre 1887 a institué à Sousse un tribunal de première instance «dont le ressort comprend les ressorts des justices de paix de Sousse Sfax, Kairouan, Gafsa, Tozeur, Gabès et Djerba » c'est-à-dire tout le sud de la Tunisie.

TRIBUNAL MIXTE — Ce tribunal a été institué par la loi du 19 ramadan 1302 (1er juillet 1885) sur la propriété foncière, pour trancher les contestations soulevées par l'immatriculation des immeubles. Il se compose d'un président français et de six juges dont trois proposés par le tribunal français et trois par le Chara.

JUSTICE DE PAIX — La loi du 28 mars 1883 a créé en Tunisie des justices de paix à Tunis, la Goulette, Bizerte, Sousse, Sfax et le Kef. Le décret présidentiel du 3 août 1885 et celui du 29 octobre 1887 ont institué des justices de paix provisoires à Aïn-Draham, Béja, Nabeul, Gabès, Djerba, Gafsa, Souk-el-Arba, Maktar, Kairouan et Tozeur : dans ces localités les fonctions de juges de paix sont remplies par le Contrôleur Civil, ou, à son défaut, par un officier de la garnison délégué à cet effet par arrêté du Résident Général, sur la proposition du général commandant la brigade d'occupation. Enfin par arrêté du Garde des Sceaux en date du 30 décembre 1887 « une audience foraine mensuelle de la justice de paix de Sousse est installée à Mahedia ; » et par décret présidentiel du 18 février 1888, une justice de paix provisoire est créée à Zaghouan.

Les juges de paix de Tunisie exercent en matière civile et pénale la *compétence étendue* déterminée par le décret du 19 août 1854 (1), c'est-à-dire qu'ils connaissent de toutes les actions personnelles et mobilières, en matière civile et com-

---

1. Dans les villes où siège un tribunal de première instance, les juges de paix n'exercent cette compétence étendue que « pour les actions personnelles et mobilières, en matière civile et commerciale ». Pour le surplus, ils exercent la compétence ordinaire.

merciale, en dernier ressort jusqu'à la valeur de 500 fr. et en premier ressort seulement jusqu'à celle de 1000 fr.» Ils exercent en outre les fonctions de présidents des tribunaux de première instance comme juges de référé. En matière correctionnelle, ils connaissent de toutes les contraventions de la compétence des tribunaux correctionnels, commises ou constatées dans leur ressort, et de tous les délits n'emportant pas une peine supérieure à six mois d'emprisonnement ou à 500 fr. d'amende.

DÉFENSEURS, HUISSIERS, NOTAIRES et AVOCATS. — La loi du 23 mars 1883, qui a organisé la justice française en Tunisie a décidé (art. 10) que « les dispositions de l'arrêté ministériel du 26 novembre 1841 sur la profession de défenseur, et les dispositions des décrets et arrêtés concernant l'exercice de la profession d'huissier en Algérie seraient applicables en Tunisie. » Les français et les étrangers exerçant déjà la profession d'avocat, ont pu, par une disposition spéciale de la loi, être admis aux fonctions de défenseur devant le tribunal de Tunis.

En vertu de l'art. 16 de la même loi, les fonctions de notaires continuent à être exercées dans la Régence par les agents consulaires français, en ce qui concerne les sujets français, et à l'exception des ventes d'immeubles qui sont rédigées par les notaires indigènes, jusqu'à ce que le notariat ait été organisé par un règlement d'administration publique.

Le décret présidentiel du 1er octobre 1887 a soumis la profession d'avocat « aux règles de discipline établies par l'ordonnance du 20 novembre 1882 » ; mais les fonctions de conseil de discipline sont remplies par le tribunal.

II.

Tribunaux Indigènes

OUZARA. — Autrefois S. A. le Bey rendait la justice en personne. Il tenait des audiences publiques où les plaideurs comparaissaient devant lui et où on lui amenait les prévenus de droit commun. Il procédait à l'interrogatoire, par l'intermédiaire du Bach-Amba (commandant de la Gendarmerie), écoutait les témoins et prononçait la sentence sur le champ.

A cette méthode patriarcale a succédé la méthode administrative, qui est moins expéditive, mais permet d'étudier les affaires plus à fond. Le tribunal de l'Ouzara est l'émanation du pouvoir judiciaire de S. A. le Bey. Il se divise en deux sections, celle des Affaires Pénales et celle des Affaires Civiles.

La Section des Affaires Pénales est le seul tribunal criminel indigène de la Tunisie. Elle connaît des crimes et délits commis dans toute l'étendue du territoire de la Régence. Les seules affaires criminelles qui lui échappent sont celles dans lesquelles la victime a laissé des enfants mineurs. Dans ce cas la Section prononce le renvoi au tribunal du Chara, qui peut décider que l'assassin payera une indemnité à la famille de sa victime et ne subira qu'une peine d'emprisonnement.

Les prévenus de l'intérieur, arrêtés par les soins des caïds, sont dirigés sur Tunis et tenus à la disposition de la Section des Affaires Pénales. Sur une plainte déposée entre ses mains, le Chef de la Section peut décerner un mandat d'amener. Un secrétaire est chargé d'instruire chaque affaire. Il interroge le prévenu et les témoins, et entend la plaidoirie du défenseur. Cela fait, il rédige un rapport, qui porte le nom de « mahroud », dans lequel il expose les faits de la cause, résume l'interrogatoire, les dépositions et les plaidoiries, et conclut à l'acquittement ou à la condamnation. Ce mahroud est remis au Chef de la Section, qui procède, s'il le croit utile, à un supplément d'information, approuve ou rejette les conclusions du rapporteur, et rédige un projet de sentence. Ce document passe successivement sous les yeux du Ministre de la Plume et du Premier Ministre, qui le revêtent de leur signature. Le jugement ne devient définitif que par l'acquiescement du Bey.

Les pénalités sont, suivant les cas, l'amende, la prison, le bagne ou la mort. Les condamnations capitales sont prononcées au Bardo par S. A. le Bey lui-même quelques minutes seulement avant l'exécution.

A la Section des Affaires Civiles, la procédure est analogue à celle qui est suivie par la Section des Affaires Pénales, mais le mahroud rédigé par le rapporteur doit être communiqué aux parties qui ont le droit d'y faire ajouter leurs observations. La sentence une fois rendue, le Chef de Section est tenu d'en donner connaissance aux intéressés. Elle devient exécutoire au moyen d'un décret (amra).

Les affaires jugées par cette Section sont de natures très diverses. En premier lieu les contestations mobilières ou immobilières sont portées devant elle ; mais elle ne tranche pas les questions de validité et d'authenticité des titres : elle les renvoie au tribunal du Chara. Dans ces mêmes affaires, il arrive quelquefois que les plaideurs, après avoir engagé l'action devant l'un des deux tribunaux, s'adressent ensuite à l'autre ; dans ce cas, le dernier saisi doit se déclarer incompétent. L'Ouzara ne juge qu'entre sujets tunisiens ; il n'y a d'exception que pour les créances hypothécaires acquises par des Européens contre des indigènes. La Section connaît de toutes les actions intentées contre l'Etat par des particuliers et de tous les procès suscités par des questions d'impôts, soit soit par l'Etat contre des contribuables récalcitrants, soit contre lui par des contribuables qui se croient imposés arbitrairement. Sont encore portées devant elle toutes les affaires de contrebande, les contestations qui s'élèvent entre l'Etat et les fermiers des monopoles, ainsi qu'entre ces derniers et leurs sous-fermiers, et les contraventions relevées par les agents des monopoles (1). Le décret du 14 hidjé 1301 (3 octobre 1884) a déterminé les pénalites à infliger pour les délits de contrebande et les contraventions au prévilège des fermiers de l'Etat.

Enfin les affaires agricoles (contestations entre propriétaires et khammès) sont de la compétence de la section des Affaires Civiles. Le plus souvent ces affaires, jugées en premier ressort par le tribunal de l'Orf, ne viennent devant elle qu'en appel.

CHARA. — Si le tribunal de l'Ouzara est un tribunal administratif, le tribunal du Chara est un tribunal religieux. En pays musulman, où le droit découle de la religion, il

_____

1. Ces affaires sont cependant réservées au tribunal français, lorsque les accusés sont Européens.

n'existe pas d'autre code que celui du Coran. Aussi la jurisprudence, qui n'est autre chose que l'interprétation de loi
religieuse, diffère-t-elle suivant les rites. A Tunis, où il existe
des sectateurs de deux rites orthodoxes, le Chara se divise
en deux sections ou chambres. La première, composée de magistrats hanéfites, juge selon le rite hanéfite, et la seconde,
composée de magistrats malékites, juge selon le rite malékite.
Dans chaque procès, le défendeur peut choisir le rite suivant
lequel il veut être jugé, mais il doit se prononcer avant d'a-
voir commencé à développer ses moyens de défense. Toute
latitude lui est laissée pour ce choix ; peu importe le rite auquel il se rattache pour ses pratiques religieuses ; il n'est même
pas lié par le choix d'un rite différent dans un procès antérieur.

Les deux chambres siègent concurremment et dans la
même salle. Tous les magistrats sont nommés par S. A. le
Bey, et choisis parmi les élèves diplômés de l'Université de
la Grande Mosquée. La chambre hanéfite se compose du Cheik
ul-Islam, président, du sous-Cheik-ul-Islam, d'un mufti et d'un
cadi, et la chambre malékite, du bach-mufti, président, d'un
sous-bach-mufti, de deux muftis et d'un cadi.

Le cadi de chaque rite rend la justice tous les jours ; mais
les parties ont le droit de réclamer que leur affaire soit portée
devant le tribunal qui siège tous les jeudis. Pour qu'un jugement soit rendu, il est nécessaire que tous les membres du tribunal se soient mis d'accord pour le rendre et y aient appo-
sé leur signature ; dans le cas où l'accord n'a pu être obtenu,
on établit un document dans lequel les opinions de tous les
juges sont exposées, et on le soumet à S. A. le Bey qui prononce.

Les jugements du Chara sont recueillis par des notaires ;
ils sont transcrits le plus souvent sur les actes qui les ont
motivés.

Les muftis sont, à proprement parler, des jurisconsultes ;
ils donnent souvent des consultations juridiques écrites que
l'on nomme « fatoua ». Le cadi n'a pas ce droit ; mais c'est lui
qui cite les parties à comparaître et qui fait exécuter les juge-

ments ; il a. pour cela, soùs ses ordres des huissiers auxquels on donne le nom de « aôun ».

Le Chara est seul compétent pour juger toutes les affaires qui touchent au statut personnel des musulmans tunisiens, telles que les questions de mariage, de divorce et d'héritage. Toutes les contestations relatives à la constitution des biens habouss doivent lui être soumises. Lui seul peut décider de la validité et de l'authencité des titres. Il partage avec l'Ouzara la connaissance des affaires immobilières.

Il existe des tribunaux de Chara ou « mahakma », composés d'un cadi et d'un ou de plusieurs muftis dans les villes de Bizerte, Béja, Nabeul, Le Kef, Kairouan, Sousse, Monastir, Mahedia, Gafsa, Gabès, Touzeur, Kebili, Ksar-Moudenine, Zarzis et Houmt-Souk. Des cadis sont appelés à rendre seuls la justice dans les localités de Porto-Farina, Mateur, Tebourba, Souk-el-Arba, Teboursouk, Testour, Zaghouan, Medjez-el-Bab, Aïn-Draham, Soliman, El-Ayacha, El-Oudian, El-Hamma et Nefta, ainsi que dans les tribus des Beni-Rerzg, Ouartan, Ouerghamma, Ouled-Ali, Ouled-Ayar, Ouled-Aoun, Ouled-Sidi Abid, Ouled-Ouzzez, Ouled-Radouan, Ouled-Nedji et Touazine. Les jugements rendus par ces tribunaux sont toujours susceptibles d'appel devant le Chara de Tunis. Il arrive quelquefois que pour les affaires de l'intérieur de la Régence, le Chara rend des jugements conditionnels nommés « morassela », dont l'exécution est subordonnée à la vérification de certains faits avancés par les parties ; le cadi de chaque localité est chargé de procéder à cette vérification et d'exécuter ensuite le jugement.

TRIBUNAL RABBINIQUE. — Ce tribunal est présidé par le Grand Rabbin de la communauté tunisienne. Il se compose de trois ou de sept rabbins. Dans les affaires concernant des membres de la communauté portugaise, ce sont deux de leurs rabbins qui sont juges, mais le président ne change pas. Toutes les questions qui touchent au statut personnel des Israélites, tels que les mariages, les divorces et les successions, sont portées devant ce tribunal, qui, dans ce cas, remplace le Chara. C'est lui qui reçoit le serment des Israélites.

L'exécution des jugements du tribunal rabbinique est confié au Caïd des Juifs.

On trouve à Tunis des notaires israélites qui rédigent les actes en hébreu, et qui sont placés sous la surveillance du Caïd.

TRIBUNAL DE LA DRIBA. — La *Driba* est une sorte de tribunal correctionnel, dont le juge est le « Férik » (1). Il remplissait autrefois les fonctions d'un véritable préfet de police ; ses attributions ont été diminuées depuis l'institution d'un Commissariat central de police française. Actuellement le Férik ne peut pas condamner à plus de six mois d'emprisonnement en matière correctionnelle, et à plus de quinze jours pour dettes. Il peut maintenir en prison pendant sept jours, au maximum, les contribuables qui ne se sont pas acquittés de leurs impôts. Passé ce délai, il doit les déférer à l'Ouzara. (Décret du 8 Djoumadi-el-Tani 1301, 4 avril 1884.)

TRIBUNAL DE COMMERCE. — Ce tribunal, composé de l'*Amin du commerce* et de dix assesseurs, statue sur les affaires commerciales litigieuses, entre indigènes. Son organisation a été réglée par le décret du 12 mars 1884.

TRIBUNAL DE L'ORF. — Ce tribunal est composé du Cheik Médina (président de la Municipalité de Tunis) et d'*amins*, qui sont les chefs des corporations de métiers. Il tranche les difficultés qui s'élèvent entre patrons et ouvriers, soit en ville soit à la campagne, et juge non pas d'après des lois écrites, mais suivant les coutumes. L'appel de ses décisions est porté devant l'Ouzara.

NOTAIRES. — Les notaires indigènes ou *adoul* (au singulier *adel*) sont régis par le décret organique du 30 kadda 1291 (8 janvier 1875) (2). Ils sont nommés par décret sur la proposition du Cadi Hanéfi ou du Cadi Maléki de Tunis, sont astreints à enregistrer tous leurs actes sur un registre visé par le cadi de

1. *Férik* est un titre honorifique qui correspond au grade de général de division, mais qui peut être porté par des personnes étrangères à l'armée.

2. Ce décret a été publié dans la *Revue Algérienne et Tunisienne de législation et de jurisprudence*, année 1886, 3e partie, p. 33.

leur circonscription, à qui ils doivent, en outre, remettre chaque mois une liste des actes qu'ils ont dressés.

AVOCATS. — Les avocats de l'Ouzara ou « oukils » doivent être âgés de 25 ans au moins. Ils sont admis à plaider à la suite d'un examen dont le programme a été déterminé par le décret du 13 chaban 1302 (27 mai 1885). Les avocats européens du barreau de Tunis peuvent être admis par décret à représenter les parties à l'Ouzara.

IV

Finances

La Direction des Finances a été créée par décret du 23 hidjé 1299 (1 novembre 1882), mais elle n'a pu fonctionner définitivement qu'à la suite de la suppression de la Commission Financière qui percevait une portion considérable des revenus de la Tunisie pour le compte de ses créanciers. Cette suppression, rendue possible par la conversion de la dette opérée en 1884, sous la garantie du Gouvernement Français, a été prononcée par décret du 13 hidjé 1301 (2 octobre 1884). Libre dès lors de tous engagements autres que ceux qui résultent du nouvel emprunt, la Régence a pu faire un plus fructueux emploi de ses ressources, et introduire la méthode et la régularité dans tous ses services financiers. Le décret du 3 djoumadi-el-aoual 1300 (12 mars 1883) a décidé pour la première fois l'établissement d'un budget de l'Etat.

La Direction des Finances a la haute main sur toutes les administrations financières. Les services des douanes, des contributions diverses et des domaines sont placés sous sa dépendance. Elle perçoit elle-même les impôts directs ; ses agents de perception sont les caïds.

Ces fonctionnaires reçoivent de la Direction des Finances les quittances à souches des impôts à percevoir, et sont tenus d'ouvrir un compte aux cheiks auxquels ils les remettent. A des époques déterminées, les cheiks présentent aux caïds les quittances représentant les taxes non recouvrées, ou recouvrées incomplètement ; ils sont débiteurs envers le trésor de la différence. Les résultats des divers comptes des cheiks, inscrits sur un régistre, constituent le compte du caïd. Ce dernier transmet chaque mois à la Direction le bordereau de ses recettes, et lui adresse à la fin de chaque année son compte de gestion annuel. Des inspecteurs des finances sont chargés de vérifier la régularité des écritures des caïds.

Les contributions directes de la Régence sont de six natures différentes.

1. La *medjba* est un impôt de capitation de 45 piastres un quart par tête qui frappe les sujets tunisiens mâles et adultes. En sont exempts, les militaires, les infirmes, les vieillards, ainsi que les habitants de Tunis, Kairouan, Sousse, Monastir et Sfax.

2. Le *kanoun* sur les oliviers et les dattiers est une taxe fixe payable par chaque pied d'arbre, qui varie cependant suivant l'espèce de l'arbre et suivant la région.

3. Dans les environs de Tunis et de Bizerte et dans une partie de la presqu'île du Cap Bon, le kanoun sur les oliviers est remplacé par la *dîme* des fruits, qui est perçue en nature à raison de 12 0,0. Chaque année, avant l'époque de la récolte, vers la fin du mois de novembre, la perception de cet impôt est mise en adjudication sur la mise à prix fixée par les *amins* ou experts.

4° L'*achour* frappe le blé et l'orge ; il est calculé non sur la récolte, mais sur l'étendue de terrain ensemencée. Une commission est chargée chaque année d'établir les rôles ; elle constate quelles sont les terres qui doivent être soumises à l'impôt et peut exonérer les champs dont la récolte n'a pas mûri. L'*achour* se paye à raison de cinq ouïbas ou 200 litres de grain par méchia ou 10 hectares environ ; dans certaines régions l'État reçoit l'équivalent en argent.

5. *mradjas* sont des taxes sur les jardins maraîchers ; on les perçoit surtout aux environs de Sfax et dans la presqu'île du Cap Bon.

6. La *karoube* est un impôt de 6 1/4 0,0 sur les loyers de

toutes les propriétés immobilières autres que les exploitations rurales. Dans les villes de Tunis, La Goulette, Sousse et Sfax, l'Etat en a fait abandon aux Municipalités.

Tous ces impôts, à l'exception de la medjba, sont dûs par les européens aussi bien que par les indigènes.

Les ressources provenant des contributions indirectes sont plus nombreuses encore.

En premier lieu viennent les douanes d'importation et d'exportation, les droits sur les vins et spiritueux et le timbre ; ces divers impôts sont perçus directement par le Trésor. Divers monopoles affermés à des particuliers produisent chaque année des sommes importantes ; ce sont les monopoles des tabacs, du sel, de la chaux et des briques, du charbon et des pêcheries de poissons de Bizerte, La Goulette, Porto-Farina et Zarzis. La perception des taxes de *mahsoulates*, droits de marché, qui frappent presque tous les objets de consommation, est aussi mise en adjudication. Enfin le *Dar-el-Jeld* (littéralement, *maison de la peau*) était propriétaire du monopole de la tannerie, de celui de la vente de diverses marchandises qui constituent les petites industries des rues de Tunis, ainsi que du droit de perception de certaines taxes, telles que celles qui frappent les musiciens ambulants. Ces monopoles ont été supprimés par les décrets du 27 rabia-el-aoual 1302 et 17 djoumadi-et-tani 1305 (29 février 1888) ; ils ont été remplacés par des droits de patente que l'Etat perçoit lui-même.

Le tableau N· 14 contient le rendement des impôts pendans les quatre exercices 1300, (1) 1302, 1303 et 1304, qui sont les premiers pendant lesquels un budget régulier ait été établi. La comparaison des divers chiffres qui le composent permettra de se rendre compte de la progression que le bon ordre introduit par la nouvelle administration a amenée dans les recettes. Pendant la courte période de trois années depuis le commencement de laquelle le Trésor tunisien a recouvré la

I. L'année musulmane 1301 s'est trouvée comprise en entier dans la période budgétaire qui s'est ouverte le 11 octobre 1881 pour se terminer le 12 octobre 1885, à la fin de l'année 1302 ; elle n'a pas donné son nom à l'exercice qui a pris celui de 1302.

TABLEAU N° 14

RENDEMENT DES IMPOTS

Exercices 1300, 1302, 1303 et 1304

(Valeurs en piastres)

IMPOTS	EXERCICES			
	1300 11 Octobre 1883 12 Octobre 1884	1302 13 Octobre 1884 12 Octobre 1885	1303 13 Octobre 1885 12 Octobre 1886	1304 13 Octobre 1886 12 Octobre 1887
Medjba	5.045.216 65	6.577.318 36	7.017.122 75	7.207.296 12
Oliviers, dattiers Kanoun et dîme	1.337.818 31	2.974.081 45	3.552.096 40	2.878.368 31
Achour . . . . Argent et nature	895.172 78	2.009.315 81	2.973.562 59	3.533.514 71
Mradjas. . . .	61.872 54	48.965 27	75.161 07	66.332 88
Douane d'exportation. . .	» (1)	3.307.172 42	2.384.053 17	2.302.363 92
Douane d'importation. . .	» (1)	3.201.275 17	3.618.267 60	3.528.821 15
Vins et Spiritueux.	» (1)	391.181 76	401.578 45	322.660 73
Timbre	» (1)	700.204 30	704.878 03	764.729 63
Karroube. . .	» (1)	479.350 75	491.041 81	569.710 28
Monopoles . affermés et non affermés	1.687.635 91	6.227.299 64	7.752.330 93	7.145.328 74
Mashoulates	(2)	2.687.468 40	2.771.911 55	2.856.759 50
Khodors . . .	110.642 97	106.558 41	100.353 75	95.415 37
Domaine et forêts	224.593 18	678.181 01	634.298 76	1.035.018 37
Droits et taxes divers	872.810 93	5.329.406 31	5.448.423 76	5.113.034 42
Habouss . . .	24.750 »	227.200 »	135.000 »	55.000 »
TOTAUX	9.857.261 60	31.911.079 06	38.123.680 62	37.174.414 15

1. Ces divers impôts ont été perçus par la Commission Financière.
2. Le réglement du budget de 1300 a confondu ces deux articles.

perception de toutes ses ressources, le total des encaissements s'est accru d'environ 3 millions de.piastres, soit un peu moins de 10 0,0. Si l'on compare la moyenne de ces trois années 36,849,691 P. avec le chiffre de 25 millions de piastres auquel on peut évaluer les recettes totales de l'exercice 1300, on trouve une différence de 11 millions en faveur de la nouvelle administration financière, malgré les nombreux dégrévements qu'elle a consentis en faveur du commerce.

Une progression sensible s'est manifestée pendant ces quatre années dans le produit des principaux impôts. La *medjba* qui n'avait donné en 1300 que cinq millions de piastres, en a donné 6 millions et demi en 1302, 7 millions en 1303 et 7,200,000 en 1304. L'augmentation est plus frappante encore pour l'*achour* qui ne produisait pas un million de piastres en 1300, mais qui en produit 2 millions en 1302, 2,900,000 en 1303, et 3 millions et demi en 1304. Les impôts sur les oliviers et les dattiers (kanoun et dîme) dont le rendement est lié à l'importance de la récolte, ont subi de plus grandes fluctuations, sans cesser cependant de suivre une marche ascendante : de 1,300,000 piastres en 1300, leur produit s'est élevé à 3 millions en 1303 pour redescendre à 2,878,000 en 1304, chiffre qui représente encore plus du double de celui de l'exercice qui a été pris comme terme de comparaison. Les droits d'importation ne rendaient avant l'établissement du Protectorat que 1,500,000 piastres, année moyenne ; (1) leur rendement a dépassé 3 millions de piastres pendant les trois derniers exercices, c'est-à-dire qu'il a plus que doublé. Un seul article du budget des recettes est en décroissance constante : c'est le produit des droits d'exportation qui de 3,307,000 piastres en 1302 s'est abaissé successivement à 2,384,000 en 1303 et à 2,302,000 en 1304, ce qui n'a nullement lieu de surprendre puisque l'État a fait l'abandon de plusieurs taxes qui frappaient les produits tunisiens à leur sortie du pays. Il est juste de constater cependant que le dernier chiffre n'est guère in-

---

1. Rapport de M. Cambon, Résident Général de la République Française, sur les Douanes Tunisiennes, p. 9.

férieur à la moyenne du rendement avant l'occupation française, qui était de 2,386,000 piastres (1).

Grâce à cet accroissement de recettes, il a été possible de créer plusieurs services qui n'existaient pas auparavant. C'est ainsi que la Direction des Travaux Publics et celle de l'Enseignement Public, indispensables dans tout état bien organisé, ont été dotées de ressources suffisantes pour rendre au pays les services qu'il doit en attendre. Le Gouvernement Tunisien a pu en outre subventionner largement les communes et prendre à sa charge les dépenses du Contrôle Civil et celles de la justice française, ne laissant au compte de la puissance protectrice que les frais d'entretien de la brigade d'occupation.

Malgré les nouvelles charges qu'il a ainsi assumées, le budget tunisien s'est toujours soldé en excédant de recettes, ainsi qu'il ressort du tableau N° 15.

TABLEAU N° 15

EXCÉDANTS DE RECETTES [2]

(Valeurs en piastres)

EXERCICES	TOTAL des RECETTES	TOTAL des DÉPENSES	EXCÉDANT des RECETTES
Exercice 1300	10.260.673 p. 30	8.108.809 p. 41	2.151.863 p. 86
» 1302	57.894.150 19	46.277.368 27	11.617.171 92
» 1303	51.087.484 01	31.793.876 69	19.293.607 35
» 1304	62.540.490 70	37.178.314 96	25.362.175 74

Le décret du 20 chaoual 1303 (21 octobre 1886) a décidé

1. Ibidem, p. 24.

2. Ce tableau comprend toutes les recettes et les dépenses, ordinaires et extraordinaires, qui figurent dans les Règlements des Budgets.

la création d'un fonds de réserve « destiné à subvenir aux dépenses de l'Etat en cas d'insuffisance de recettes » et en a fixé le maximum à 30 millions de piastres. Une première dotation de 18,270,351 piastres lui a été attribuée par le même décret ; une seconde allocation de 1,160,680 piastres (décret du 11 kàda 1301, 31 juillet 1887) l'a porté à 19,431,081 piastres.

Ainsi tandis qu'autrefois, sous le régime de la Commission Financière, la Tunisie arrivait à grand'peine à servir les intérêts de sa dette en sacrifiant toutes ses ressources à cet unique objet, la nouvelle administration établie par le Protectorat non seulement paye les coupons sans aucune difficulté et alimente les nouveaux services qu'elle a créés, mais encore a pu économiser en quatre ans 19 millions de piastres ou près de 12 millions de francs pour faire face aux éventualités de l'avenir.

V

Travaux Publics

C'est par décret du 21 chaoual 1299 (3 septembre 1882) que la Direction Générale des Travaux Publics a été instituée. Le budget de l'exercice 1300, promulgué à la fin de 1883, prévoyait une dépense pour les routes à construire ; c'était la première fois qu'un fait semblable se produisait dans la Régence. Il n'y avait pas, à cette époque, un seul kilomètre de route empierrée et entretenue, et les ports étaient livrés à l'abandon. C'est donc de 1884 que date l'ère des travaux publics en Tunisie.

Au 31 décembre 1886 la construction des routes suivantes était terminée :

Route de Tunis à la Manouba	. . . . , . . .	9 kil.
« « à la Goulette	. . . .	16,438
« « à l'hôpital du Belvédère	. .	0,912
« « à l'Ariana	. . . .	6,030
« de l'Ariana à la Marsa	. . . .	7,212
« de la Marsa à la Goulette	. . . . . .	5,901
« « à Sidi-Bou-Saïd	. . . . .	2,621
	, A reporter.	48,117

		Report	48,117
Route de Tunis à Bizerte (divers tronçons).			11,165
«	» au Kef («).		13,932
«	« à Zaghouan		0,389
«	« à Hammam-Lif		15,850
«	de Souk-el-Arba à Aïn-Draham (1). .		42,000
«	de Tabarka à la Calle (1)		14,000
«	de Sousse à Monastir (tronçon) . . .		4,553
«	« à Kairouan («) . . .		5,356
«	de Monastir à l'Appontement.		1,895
«	de Houmt-Souk à l'Appontement. . .		1,800

Total au 31 décembre 1886   159,057

Pendant le cours de l'année 1887, les travaux suivants ont été achevés:

Route de Tunis à Bizerte (divers tronçons)			20,512
«	« à Sousse (»)		6,129
«	« au Kef («)		2,827
«	« à Radès		3,015
«	de Radès à Hammam-Lif.		1,303
«	de l'Ariana à La Soukra		8,707
«	de Monastir à Mahedia (tronçon) . .		14,710
«	de Sousse à Monastir («) . .		1,423
«	de Sfax à Tunis par el-Djem (tronçon)		4,713

Total de l'année 1887. . . .   63,639

Total antérieur   159,057

Route forestière d'El-Feidja à Ghardimaou
avec un pont sur la Medjerda et un
autre sur l'Oued-Bidour (3).   9,250

Total général au 31 décembre 1887 .   231,916

---

1. Les deux routes ont été construites par le Génie militaire.

2. Il faut y joindre 610 k. de sentiers forestiers praticables aux mulets.

Les travaux en cours d'exécution comprennent en outre :

Route de Tunis à Bizerte			30,352
«	«	à Sousse.	39,017
«	«	au Kef.	12,790
«	«	à Zaghouan	13,781
«	«	à Mornag . . . . , .	12.731
«	de Hammam-Lif à Soliman		8,458
«	de Sousse à Monastir.		14,175
«	du Kef à Souk-el-Arba		30,835
		Total	162,145

Il y avait donc en Tunisie au 31 septembre 1887, 231 k.910 de belles routes construites par le Service des Travaux Publics, et 162 k. 145 étaient en construction. Dans les parties qui traversent des pays inhabités, on a bâti des maisons cantonnières, espacées en moyenne de 4 k. les unes des autres. Ces travaux comprennent de nombreux ponceaux, un pont sur la Medjerda, à Ghardimaou, et un viaduc à Sloughia. Le réseau des routes de la banlieue de Tunis, par lequel il était naturel de commencer, est aujourd'hui complétement terminé. Les routes de Tunis à Bizerte, de Tunis à Mornag, de Hammam-Lif à Soliman et du Kef à Tabarka par Souk-el-Arba seront entièrement livrées à la circulation dans fort peu de temps. Enfin les travaux sont poussés activement sur les routes de Tunis à Sousse, Monastir et Mahédia et de Tunis au Kef.

En attendant l'ouverture des grandes routes, les anciennes pistes arabes sont entretenues à l'aide de prestations en nature ; les voitures peuvent y circuler pendant la plus grande partie de l'année.

Pendant ces trois dernières années, le Service des Travaux Publics a exécuté ou entrepris les travaux maritimes dont voici l'énumération. A La Goulette on a fait des travaux de réfection partielle du port ; à Bizerte le mur du quai a été reconstruit et l'amélioration de la passe entreprise, surtout en vue des navires de petit tonnage ; à Sousse on a construit des quais ainsi qu'un appontement pourvu d'une grue pour faciliter la manutention des marchandises ; à Monastir un appontement avec grue et un terre-plein ont été édifiés ; à Mahedia un terre-plein et un quai ont été construits, et le brise-lames endommagé par un coup de mer a été réparé ; à Sfax on a élevé un mur de quai et remblayé en arrière pour conquérir des terrains sur la mer ; à Houmt-Souk un appontement a été construit en vue du mouillage des paquebots qui fréquentent l'île de Djerba ; enfin le creusement du port de Tunis, pour lequel 12 millions de piastres sont en réserve, a été concédé à la Cⁱᵉ des Batignolles, qui réunit en ce moment le matériel nécessaire pour mettre la main à cette grande œuvre.

Parmi les travaux hydrauliques, il convient de citer le captage les sources d'Aïn-Chérichéra, la conduite d'eau de Béja et de Porto-Farina, la restauration du bassin des Aghlabites à Kairouan, ainsi que des forages à grande profondeur entrepris à Sfax et à Djerba.

Les chemins de fer tunisiens ne se composent encore que deux lignes. Celle de Tunis à la frontière algérienne a été concédée à la Cⁱᵉ de Bône-Guelma et Prolongements, qui l'exploite. La jonction du réseau tunisien avec celui de l'Algérie a eu lieu le 23 août 1881. L'embranchement d'Hammam-Lif est en exploitation depuis plusieurs années. Celui de Béjà-Gare à Béja-Ville a été livré au commencement d'avril 1888. La ligne de Tunis à La Marsa, à La Goulette et au Bardo a été construite par une compagnie anglaise qui l'a cédée, en 1880, à la compagnie italienne Rubattino. L'ensemble du réseau tunisien représente une longueur d'environ 230 kilomètres. En outre, un réseau de chemins de fer économiques, d'environ 400 kilomètres, est à l'étude. Enfin le railway Decauville posé par le Génie militaire entre Sousse et Kairouan, a été cédé au Gouvernement Tunisien qui en a concédé l'exploitation à la Cⁱᵉ Bône-Guelma, chargée de l'améliorer et de l'ouvrir à la circulation publique(1).

1. Discours prononcé par M. le Résident Général à la réception du 1ᵉʳ Janvier 1888. — *Journal Officiel Tunisien* du 5 janvier 1888.

VI

Service des forêts

Les forêts de la Tunisie s'étendent sur une superficie évaluée à 500,000 hectares ; elles se divisent en deux groupes parfaitement distincts.

Le groupe septentrional couvre la chaîne de montagnes qui sépare la vallée de la Medjerda des bassins côtiers du nord. Il comprend plusieurs massifs : 1· Le massif de la Khroumirie, qui se compose de magnifiques forêts de chênes-zéen et de chênes-lièges, reposant sur un sol de grès nummulithiques; on peut le diviser en trois zônes: la Khroumirie occidentale, voisine de Ghardimaou, la Khroumirie centrale, entre Aïn-Draham et Tabarka, et la Khroumirie orientale ou pays desNefzas. 2· Le massif des Mogods ; il ne renferme plus de futaies, mais de simples taillis de chênes-kermès. 3· Le massif de Porto-Farina ; beaucoup moins important que les précédents, il s'étend sur la chaîne littorale qui sépare Bizerte de Porto-Farina et se prolonge jusqu'au cap de Sidi–Ali–El–Méki. 4· Quelques petits massifs qui couvrent les hauteurs entre Béja et Mateur. 5· Les massifs des dunes de Tabarka, du Cap Blanc et de Bizerte ; elles sont en partie boisées de chênes-verts et de genévriers.

Le tableau N· 16 contient une évaluation provisoire et approximative de l'étendue des forêts du nord de la Régence. *(1)*

TABLEAU N· 16

1. Forêts immédiatement productives.....	massif de chênes liéges 112,000 h. « de chênes-zéen 12,000 h.	124,000 h.
2. Broussailles dont la majeure partie formera plus tard des massifs d'essences utiles.....		22,000 h.
3. Dunes..................		16,000 h·
	Total.....	162,000 h.

_____

1. Une statistique précise est en préparation à la Direction des Forêts.

Le second groupe comprend toutes les forêts qui boisent
encore la grande arrête centrale de la Tunisie. Ces massifs
de pins d'Alep, de chêne-vert et de thuya, qui exercent une
influence capitale sur le régime des eaux, puisque c'est des
montagnes qu'ils protègent que descendent presque tous les
fleuves et toutes les rivières de la Tunisie, ont été dévastés
par les guerres et par l'imprévoyance des populations, au
point de ne plus subsister qu'à l'état de débris. Le mal n'est
heureusement pas encore irrémédiable ; les expériences faites
depuis plusieurs années par des particuliers démontrent qu'il
suffit d'éloigner les troupeaux des jeunes taillis pour que les
arbres prennent un développement rapide.

Au sud de la chaîne centrale, il n'existe que deux forêts.
Celle de Cheba, entre Mahedia et Sfax, à la hauteur du cap
Kapoudia, occupe environ 15,000 hectares plantés de lentisques, de thuyas et d'oliviers sauvages ; elle disparaît à vue
d'œil par suite des continuelles dévastations des Métellit.
Celle de Thalah, (1) près d'El Ayacha, à 120 kil. de Sfax,
composée de gommiers éloignés de 50 à 100 m. les uns des
autres, n'est qu'une curiosité botanique : la quantité de gomme
qu'elle produit serait insuffisante pour couvrir les frais d'exploitation, et les arbres sont trop disséminés pour qu'on puisse
songer à les abattre pour les débiter en bois d'ébénisterie.

Le Service Forestier, qui était totalement inconnu dans
la Régence avant 1881, s'est tout d'abord préoccupé de l'a-
ménagement des forêts de la Kroumirie, dont les riches
massifs promettaient un revenu certain et à échéance prochaine.
Il en a pris possession, et en quatre ans, près de trois millions et demi de chênes-liéges ont été démasclés, ce qui représente une moyenne de plus de 750,000 arbres par an.
Cette opération préliminaire, indispensable pour la mise en
valeur de cette essence, assure au Trésor un produit qui ira en
s'accroissant à partir de 1892. Pour faciliter les travaux, une

1. *Thalah* est le nom arabe du gommier, *accacia tortilia* (Hayne).
C'est le point le plus septentrional du continent africain où cet arbre se
rencontre; il y atteint une hauteur moyenne de 12 à 15 m. et une grosseur
de 50 à 60 centimètres de diamètre.

route de plus de 9 kil., avec un pont sur la Medjerda, a été construite pour mettre en communication Ghardimaou avec le village forestier d'El Feidja, et 650 kilomètres de sentiers muletiers ont été tracés.

Dans la Tunisie centrale, le Service des Forêts n'a pu jusqu'à ce jour que prendre possession de son champ d'opérations et commencer à exercer une surveillance qui amènera le salut des boisements indispensables au pays. La reconnaissance des massifs s'effectue en ce moment.

C'est également au Service Forestier qu'est dévolue une œuvre de préservation d'une importance énorme. Plusieurs oasis du Sahara tunisien, par suite de l'incurie de leurs habitants, étaient menacées de disparaître à bref délai devant l'invasion des sables. M. Baraban, inspecteur des forêts, envoyé en mission par le Gouvernement français en 1885, proposa un moyen très-simple de parer à ce danger imminent : la fixation des dunes mouvantes par le procédé de boisement employé dans les Landes. Son programme a été adopté par l'Administration Tunisienne et les travaux ont été inaugurés en 1886. A la fin de l'année 1887, les travaux de défense de l'oasis de Gabès étaient terminés, et ceux de Touzeur et de Nefta étaient commencés. Lorsque les principales oasis auront été protégées, la Direction des Forêts portera ses efforts sur les dunes de Tabarka, de Bizerte et du Cap Bon.

Le Service Forestier a dépensé pour ces divers travaux :

En 1300. . . .	316,191 P.	79
En 1302	359,515 »	15
En 1303	755,359 »	09
En 1301 . . , .	800,000 »	environ

Total approximatif... 2,240,000 Piastres

Les recettes ont atteint pendant ces quatre exercices un total de 862,216 piastres, soit 598,885 fr., ce qui donne une moyenne annuelle de 131,000 fr. environ. (1) Le programme

1. En réalité la moyenne est plus élevée, car sur les quatre exercices, trois seulement ont été productifs, l'année 1300, celle pendant laquelle le service a été organisé, n'a donné aucun produit et n'en pouvait donner aucun.

primitif des travaux prévoyait 127,000 fr. de recettes : les prévisions ont donc été légèrement dépassées. Actuellement la valeur du liège déjà produit couvre la totalité des dépenses.

VII

Service des Mines

MINES. — Les mines concédées jusqu'à ce jour sont au nombre de neuf.

Les mines de fer de Tamera, Bouchiba et Oued-bou-Zenna, concédées à la Société du Comité d'Etudes des mines de Tabarka, et les mines de fer de Ras-er-Radjel, Bou-Lana-gue, Djebel-Bellif et Gannara, concédées à la Société du Mokta-el-Hadid forment les deux groupes les plus importants de la Régence. Les concessionnaires doivent construire, pour en faciliter l'exploitation, deux lignes de chemin de fer, l'une de Tabarka aux Nefzas et l'autre, des Nefzas au Cap Serrat, ainsi que deux ports l'un à Tabarka, l'autre au Cap Serrat, qui permettront d'embarquer les minerais par tous les temps.

La mine de plomb de Djebba, située dans le massif de Gofra, qui domine Teboursouk, a été concédée à la la C⁰ de B⁰ne-Guelma et Prolongements, en même temps que la ligne de Tunis à la Djendouba. Elle est inexploitée.

La mine de plomb et de zinc du Djebel Reças a été concédée à une compagnie italienne. Les travaux d'exploitation, après avoir duré quelque temps, ont dû être suspendus momentanément.

La mine de zinc et de plomb du Khranguet-el-Tout fait en ce moment l'objet d'une demande en concession.

En dehors de ces points, il existe en Tunisie toute une série de gisements qui n'ont encore donné lieu qu'à des travaux de recherches préliminaires.

Ce sont les gisements :

Du Bou-Kournin (plomb et zinc) près de Tunis; la proximité de la mer en faciliterait l'exploitation ;

Du Djebllet-el-Kohol (plomb argentifère dans une gangue de fluorine et calcite) ;

Du Djebel-Cheïda en Khroumirie (plomb et cuivre) ;

Du Djebel-Oust (galène, cuivre gris et mercure) ;

Du Djebel-Iskeul (galène argentifère) ;

De l'Orbata (plomb antimonieux) ;

De Nebeur près le Kef (galène) ;

Du Djebel-Sidi-Abdallah-Cheik (galène) ;

Du Djebel-Frina (galène argentifère et cuivre) ;

Du Djebel-Amar (galène argentifère et cuivre).

Il n'y a point de combustibles minéraux en Tunisie, du moins on ne peut pas compter comme tels les quelques traces de lignites qui ont été rencontrées au Bou-Kournin, à Monastir, à Zramdine et au Bou-Hedma.

Enfin on a trouvé une très-petite quantité d'or dans les sables de l'Oued-Miliane et de la Medjerda, au Bou-Hedma, ainsi qu'à Sidi-Bou-Saïd ; ce dernier gisement a même été exploité pendant quelque temps.

CARRIÈRES. — Les carrières de marbre sont assez nombreuses en Tunisie. Les principales sont :

Celle de Chemtou, qui est très-importante, et qu'exploite une société belge à l'aide d'un outillage perfectionné ;

Celle du Djebel-Oust, entre Tunis et Zaghouan ;

Celles du Djebel-Iskeul, du Djebel-Djedidi, du Koudiat-Hamema, près de Gabès ; enfin celles du Djebel-Aziz et du Djebel-Klab, près de Tunis.

Les plâtres abondent. Dans le nord ils se rencontrent à l'état de masses éruptives boueuses au Djebel-Amar, au Djebel-Ensarine, au Djebel-Hammamet, etc. Dans le sud, ils sont interstratifiés dans des formations sédimentaires et ils composent souvent des collines entières qui portent parfois le nom caractéristique de Djebel-Zebbeus.

Les autres matériaux de construction, rares autour de Tunis et le long de la côte orientale, ne font pas défaut dans l'intérieur. La carrière la plus connue est celle du Kœdel, près de Soliman, qui fournit de pierres de taille la ville de Tunis.

SOURCES MINÉRALES. — La Tunisie est très-riche en sources minérales.

Les plus fréquentées sont celles de Hammam-Korbeus, à l'entrée de la presqu'île du Cap Bon. Ces sources, qui débitent environ 27 litres par seconde, ont une réputation universelle en Tunisie. Elles appartiennent à la classe des eaux chlorurées sodiques fortes.

Les eaux thermales de Hammam-Lif, à peu de distance de Tunis, sont souvent visitées par les membres de la famille beylicale, qui y possède un palais. Un établissement européen a été construit dans le voisinage ; il n'est pas encore ouvert au public.

On peut citer encore les eaux de Hammam-Djedidi, entre Hammamet et Zaghouan, celles de Hammam-Zriba, entre Bou-Ficha et Zaghouan, celles du Hammam des Ouled-Ali, du Hammam des Ouchetettas, du Kranguet-el-Tout, du Hammam M'Seïada, près Béja, du Hammam-Biada près le Kef et du Hammam-Trozza. Toutes ces eaux sont de même nature : chlorurées sodiques fortes ; leur température est de 17° à 52°.

On trouve en outre au Djebel-Garsi des eaux froides, carbonatées, légèrement ferrugineuses, et au Djebel Iskeul des eaux chlorurées sodiques contenant du fer en même temps.

Enfin comme eaux thermales peu minérales, il faut mentionner l'énorme source d'El-Hamma près de Gabès, qui débite 60 litres par seconde à la température de 48° et sert à l'irrigation de l'oasis, et celles d'El-Hamma près de Touzeur, dont la température varie de 40° à 43° et qui sont fréquentées par toute la population du Djerid.

VIII

Enseignement Public

ENSEIGNEMENT MUSULMAN. — L'enseignement public avait autrefois en Tunisie un caractère exclusivent religieux ; aussi le Gouvernement n'avait-il pas à se préoccuper de le subventionner ni de recruter son personnel. C'était uniquement dans les mosquées que la population devait aller chercher l'instruction.

La grande mosquée de Tunis, la « Djamaa Zitouna » (mosquée de l'Olivier), est le siège d'une véritable université, dont la réputation s'étend au loin dans le monde musulman. Elle est administrée par un Conseil, présidé par le Cheik-Ul-Islam et composé du Bach-Mufti et des deux Cadis. Le corps enseignant comprend 42 professeurs de 1re ou de 2me classe, et 80 professeurs auxiliaires, qui se partagent entre les deux rites représentés à Tunis. Les études comprenant à la fois ce que nous appelons l'enseignement secondaire et l'enseignement supérieur, portent sur 23 matières différentes, dont les principales sont : la grammaire, la rhétorique, la littérature, la métrique, la logique, la morale, la théologie, la science des traditions, l'interprétation du Coran, le droit, l'arithmétique, la géométrie, l'algèbre, l'astronomie, etc., etc.

« Chacun des professeurs chargé de l'un de ces cours, dit M. Machuel, directeur de l'enseignement public en Tunisie, (1) est tenu de faire deux leçons par jour. Ces leçons ont lieu dans la grande salle de la mosquée, où chaque professeur a un endroit qui lui est réservé, et la coutume est de désigner du nom du maître la colonne près de laquelle il s'assoit pour faire sa leçon. La salle de la grande mosquée offre un aspect curieux aux heures des leçons qui commencent dès 6 h. du matin pour se continuer presque sans interruption jusqu'au soir. On voit parfois jusqu'à 15 professeurs, entouré chacun de ses élèves, faisant leur cours à la même heure, sans être incommodés les uns par les autres... En général ces leçons durent une heure. Les auditeurs assis sur des nattes sont rangés en cercle autour du professeur, qui tient entre ses mains le plus souvent un exemplaire de l'ouvrage qu'il doit expliquer. Il lit ou fait lire par un de ses étudiants un membre de phrase, et il entre ensuite dans toutes les explications que nécessite l'interprétation du sens. Ces explications sont ordinairement celles qu'il a, apprises presque textuellement

1. Rapport adressé à M. le Ministre Résident de la République Française à Tunis, 1885.

dans un commentaire, il ne fait que les rapporter en tâchant
de les éclaircir par des remarques complémentaires. Quelquefois cependant le professeur commente lui-même le texte qu'il
doit expliquer, sans suivre tel ou tel auteur. Il interroge ensuite ses auditeurs, s'informe s'ils ont bien compris la leçon
qui leur a été faite, répond à leurs observations ou à leurs
demandes d'éclaircissement, et termine sa leçon par la phrase
sacramentelle : « Ouallahou àlam. » (Et Dieu est le plus
instruit, Dieu connait mieux que personne la vérité.)

Les étudiants (*tolba*, au singulier *taleb*) sont au nombre
d'environ 600 (1), originaires de Tunis, de toute la Régence et
même de l'Algérie. Ils sont exemptés du payement de la
medjba et du service militaire. « Les jeunes gens qui viennent
de l'intérieur sont logés le plus souvent dans des établissements spéciaux, appelés medraças (il y en a 24 à Tunis), qui
renferment un certain nombre de chambres ou plutôt de cel-
lules, dans lesquelles il n'est pas rare de voir deux ou trois
étudiants s'installer ensemble. Ils reçoivent, pour leurs dépenses particulières, une petite rente de deux ou trois piastres
par mois, prélevée sur les revenus des biens constitués habous
en faveur de ces établissements. »

Dans la Djamaa Zitouna se trouvent deux bibliothèques
qui renferment de précieuses collections d'ouvrages imprimés
et de manuscrits arabes.

Des cours sont également donnés dans les principales
mosquées des villes les plus importantes de la Tunisie, à
Sfax, Kairouan, le Kef et Bizerte.

L'enseignement primaire est représenté par les « écoles du
Coran », où l'on enseigne aux enfants à lire, à écrire et à réciter
par cœur des fragments du livre sacré des musulmans. On en
compte environ 500 dans toute la Tunisie, dont 113 à Tunis,
fréquentées par 1700 écoliers.

ENSEIGNEMENT FRANÇAIS. — La Direction de
l'Enseignement Public a été créée par décret du 28 Djoumadi-
Ettani 1300 (mai 1883). Il n'existait à ce moment qu'un seul

1. Les trois medraças d'Alger, de Constantine et de Tlemcen ne
comptent pas ensemble 100 élèves.

établissement d'instruction dépendant de l'Etat et sur lequel elle pût faire sentir son action : c'était le collège Sadiki, fondé sous le règne du Bey Sadock, par le ministre Kheir-ed-Din, sur le modèle des lycées de France, et à l'aide d'une partie des biens confisqués à son prédécesseur Mustafa Khasnadar. Les programmes ont été récemment modifiés, des professeurs français ont été adjoints au personnel enseignant, et l'étude de la langue française est devenue obligatoire. Le collège St.-Charles avait été institué depuis quelques années par S. E. le Cardinal Lavigerie ; il a remis la direction des études entre les mains du Directeur de l'Enseignement, ne conservant que l'administration matérielle de l'établissement. Depuis l'année 1881, la Tunisie possède une école normale, le collège Alaoui, destiné à préparer de futurs instituteurs pour les écoles de la Régence. On a organisé aussi un cours public de langue arabe, des cours de français faits aux interprètes et employés des diverses administrations tunisiennes et des cours pour les femmes et les jeunes personnes qui se préparent en vue d'obtenir les brevets de capacité.

C'est surtout dans le domaine de l'instruction primaire que s'est déployée l'activité de la Direction de l'Enseignement et que les succès les plus encourageants ont été obtenus. 41 écoles primaires (1) sont actuellement réparties dans toute l'étendue de la Régence, ouvrant leurs portes aux enfants de toutes les nationalités et de toutes les religions. Pour bien montrer aux familles musulmanes que le but poursuivi par le gouvernement du Protectorat est uniquement de répandre l'instruction, et nullement d'enlever aux jeunes générations, les croyances de leurs parents, des professeurs sont autorisés à enseigner le Coran dans ces écoles, c'est-à-dire à l'apprendre par cœur aux élèves, mais il leur est interdit de le commenter. Cette concession aux scrupules religieux de la population a eu des résultats excellents. Partout où des écoles ont été ouvertes, les enfants indigènes y sont accourus avec empressement et se sont mis à l'étude du français avec une merveilleuse

---

1. Dans ce nombre 16 sont des écoles congréganistes.

facilité. Dans les localités où il n'existe pas encore d'école, les musulmans rivalisent d'ardeur avec les colons européens pour réclamer l'arrivée d'un instituteur (1).

TABLEAU N° 17

POPULATION SCOLAIRE DE LA TUNISIE

LOCALITÉS	ÉTABLISSEMENTS	ÉLÈVES
Tunis.	Collège Sadiki	126
»	» St.-Charles	250
»	» Alaoui (Ecole Normale).	101
»	Première annexe du Collège Sadiki. . .	118
»	Deuxième » » » . .	57
»	Troisième » » » . .	17
»	Annexe de l'Ecole Normale.	203
»	Frères rue de la Kasba	188
»	» rue de l'Eglise	250
»	» Avenue Bab-el-Djedid.	118
»	Ecole primaire supér'r. de la Commission.	71
»	» laïque, rue du Maroc	255
»	Sœurs St.-Joseph, rue Sidi Saber. . . .	235
»	» » rue Bab-Carthagène. . .	280
Tabarka . . .	Ecole laïque mixte	61
Aïn-Draham .	» » »	20
Ghardimaou .	» » »	21
Souk-el-Arba.	» » »	31
	A reporter . . .	2402

1. Il y a quelques mois les habitants d'un village de Tunisie montraient une telle impatience de posséder une école qu'un colon offrait au gouvernement de lui céder gratuitement un local, tandis qu'un autre proposait de faire lui-même la classe aux enfants en attendant la venue de l'instituteur.

LOCALITÉS	ÉTABLISSEMENTS	ÉLÈVES
	Report . .	2402
Le Kef. . . .	École laïque garçons	75
»	» » filles	25
Béja.	» » garçons.	57
»	» » filles	33
Chouiggui . .	» » mixte	26
Bizerte. . . .	» » garçons.	94
»	» congréganiste, filles	86
La Marsa . .	» » mixte	38
La Goulette .	» » garçons.	205
»	» » filles	209
Nabeul	» laïque garçons	116
Hammamet. .	» » »	39
Enfida.	» » mixte	34
Sousse	» » garçons	83
»	» congréganiste, garçons	103
»	» » filles	234
Kairouan. . .	» Annexe du Collège Sadiki	63
»	» laïque garçons.	34
Monastir. . .	» » »	61
»	» congréganiste, filles	70
Mahedia . . .	» laïque garçons	83
»	» congréganiste, filles	70
Sfax.	» laïque garçons	55
»	» » filles	34
»	» congréganiste, garçons.	175
»	» » filles	183
Gabès.	» laïque garçons	45
Djerba	» » »	60
»	» congréganiste, filles	60
	Total . .	4852

Le tableau N° 17 fait connaître le nombre des élèves qui fréquentent chacune des écoles dépendant de la Direction de l'Enseignement.

TABLEAU N° 18

POPULATION SCOLAIRE DE LA TUNISIE
en 1885 et en 1888

NATIONALITÉS	ANNÉE 1885			ANNÉE 1888		
	GARÇONS	FILLES	TOTAL	GARÇONS	FILLES	TOTAL
Indigènes musulmans.	468	6	474	1.038	4	1.042
» israélites . .	160	255	415	359	293	652
Français	189	184	373	443	250	693
Italiens	349	424	773	645	717	1.362
Maltais.	307	473	780	510	528	1.038
Diverses	29	13	42	43	22	65
TOTAUX . .	1.502	1.355	2.857	3.038	1.814	4.852

NOTA. — Il n'y avait en 1885 que 17 écoles primaires au lieu de 44.

Le tableau N° 18 montre la répartition des élèves par sexe et par nationalité en 1885 et 1888 ; il indique les progrès réalisés par l'enseignement primaire dans cet espace de trois années.

Le budget de l'exercice 1306 prévoit la création de 12 écoles à Zaghouan, Tébourba, Soliman, Msakem, Mokenine, Kerkenna, Touzeur, Medjez-el-Bab, Mateur, Porto-Farina, Grombalia et Maktar.

ENSEIGNEMENT LIBRE. — En dehors des établissements d'instruction qui relèvent de la Direction de l'Enseignement Public, il existe à Tunis et dans quelques autres villes de la Régence des établissements libres.

Il convient de signaler en premier lieu les écoles de

« l'Alliance Israélite » qui comptent environ 11,000 élèves à Tunis, et où l'enseignement se donne exclusivement en français. La « London Jews Society » possède dans la même ville un collége de garçons et une école de filles, dans lesquels l'usage de la langue française a été adopté depuis quelques années (1). Enfin le gouvernement italien qui entretenait depuis longtemps un collége, a récemment fondé un lycée.

IX
Administration des Habouss (2)

On appelle biens *habouss* ou *oukaf* (au singulier *ouakeuf*) les fondations pieuses musulmanes. Ces deux mots peuvent se traduire en français par *inaliénables* (3). Ce sont des immeubles dont les revenus doivent être consacrés à perpétuité à l'entretien d'une œuvre religieuse, de bienfaisance, ou d'utilité publique. Les mosquées et les zaouias, les hôpitaux, les établissements d'instruction, les tribunaux religieux, les ports, les ponts et les fontaines, les fortifications peuvent servir d'affectation à des habouss ; il est permis d'en affecter aussi à des prières pour les morts à dire dans les mosquées. En outre les lois musulmanes autorisent tout particulier à constituer en habouss la nue-propriété de ses biens, tout en laissant à ses descendants la jouissance de l'usufruit (4); à l'extinction de la descendance du testateur, l'usufruit et la nue-propriété se réunissent au profit de l'œuvre qui doit en bénéficier, l'immeu-

1. Ces deux établissement réunissent 135 garçons et 120 filles.
2. L'auteur manquerait à un devoir de pieuse reconnaissance s'il omettait d'indiquer ici que les éléments de ce chapitre lui ont été obligeamment fournis par le regretté Si Amor ben Barkète, président de la Djemaïa, qui vient d'être prématurément enlevé à ces fonctions délicates qu'il remplissait avec tant de zèle et d'intelligence. Si Amor ben Barkète unissait à la foi musulmane la plus sincère un esprit éminemment ouvert aux idées de progrès que le régime du Protectorat se propose de faire pénétrer dans les masses indigènes.
3. *Habouss* signifie littéralement *emprisonné* et *Ouakef, suspendu, immobilisé.*
4. En droit musulman la liberté de tester est entière pour tout homme qui jouit de la plénitude de ses facultés.

ble restant inaliénable ; mais il est nécessaire, pour qu'un bien habouss de cette nature soit valablement constitué, que le fondateur ait expressément désigné l'affectation spéciale que devront recevoir ses revenus après la disparition de ses héritiers. Il y a donc deux sortes de habouss : les habouss publics, qui sont immédiatement affectés à une œuvre désignée, et les habouss privés, qui ne recevront l'affectation prévue qu'après la mort du dernier héritier du testateur. Certains fondateurs de zaouias ou de mosquées, combinant les deux systèmes, ont constitué leurs biens en oukaf au profit de l'établissement qu'ils avaient créé, en laissant l'usufruit à l'un de leurs descendants désigné, à charge par lui de prendre sur les revenus les sommes nécessaires à l'entretien de la zaouia ou de la mosquée.

Les habouss publics sont administrés par une commission de cinq membres nommés par décret de S. A. le Bey. Cette commission qui porte le nom de « Djemaïa » doit percevoir les revenus des oukaf et les employer à l'entretien de chacun des établissements désignés par les divers testateurs. Elle a aussi le droit de contrôler l'administration des habouss privés, dans le but de veiller à ce que les intentions du testateur soient fidèlement remplies, et à ce que l'exercice du culte soit toujours assuré. La Djemaïa est représentée dans l'intérieur de la Régence par 15 agents et 50 oukils (hommes d'affaires).

La vente des oukaf est interdite ; mais la loi en autorise l'échange, à la suite d'un jugement du tribunal du Chara. Ce jugement ne peut être rendu que lorsqu'il est constaté par experts que l'objet offert en échange a une valeur double de celle du bien habouss à échanger. L'échange contre argent est quelquefois admis, mais à la condition de verser le double de la valeur constatée du habouss ; dans ce cas, la commission est obligée de faire le remploi immédiat en immeubles de la somme qu'elle a perçue.

Les biens habouss sont chaque année donnés en location à la suite d'enchères ; le locataire n'a que le droit de semer du blé, de l'orge ou des légumes. Ils sont aussi donnés à enzel de la même manière, en vertu du décret du 13 moharem 1303

(21 octobre (1885). Toute personne qui désire prendre à enzel un ouakeuf doit en faire la demande au président de l'administration, qui fixe la mise à prix et établit le cahier des charges. L'annonce des enchères est affichée et publiée dans le *Journal Officiel*. Elles ont lieu dans la salle des criées du tribunal du Chara pendant cinq jeudis consécutifs ; le sixième jeudi seulement l'adjudication est prononcée. Le payement de la rente perpétuelle se fait par semestre et d'avance. L'adjudicataire est tenu de faire immatriculer l'immeuble et par conséquent de le placer sous la juridiction des tribunaux français (1).

Il existe deux autres modes d'exploitation des biens habouss, pour lesquels il n'est pas nécessaire de passer par les formalités d'une adjudication publique. Le premier, qui porte le nom de *msakat* (2), est un simple contrat de location pour un nombre d'années déterminé et moyennant un loyer fixé d'avance : c'est un véritable affermage. Le second s'appelle *mrassa* (3): c'est la concession d'un terrain inculte, sans autre charge imposée au preneur que celle de le mettre en culture et de donner à l'administration la moitié de la récolte. Ce métayer a droit par la suite au remboursement de la moitié de ses frais ; il peut aussi, lorsque la terre a acquis par son travail une plus-value notable (généralement au bout de cinq ans), demander que la moitié lui soit attribuée en toute propriété. Par contre l'administration a la faculté de rompre le contrat, si au bout de trois ans aucune amélioration n'a été faite sur le terrain. Cette sorte de contrat pourrait rendre de services aux colons qui voudraient entreprendre des cultures à longue éché-

1. Cette procédure a été modifiée par le décret du 13 Chaoual 1305 (22 juin 1888), qui a abrogé les décrets antérieurs régissant la matière. Les enchères provisoires ont été supprimées et la publicité préliminaire a été augmentée. L'enzel peut être payé annuellement. L'adjudicataire est tenu de signer séance tenante la demande d'immatriculation et de déposer le montant des frais. Si les conditions de l'adjudication ne sont pas remplies, l'enzel est remis en adjudication à sa folle enchère. Le Premier Ministre peut, par arrêté notifié au tribunal du Chara, évincer à titre temporaire ou définitif des enchères des biens habouss tout individu qui a donné lieu à une adjudication sur folle enchère. La prise de possession est obligatoire dans la période d'une année après les enchères.
2. *Msakat* signifie en arabe *arrosage*.
3. *Mrassa* signifie en arabe *plantation*.

ance, celle de l'olivier par exemple, et qui ne voudraient pas débourser le prix d'achat du terrain.

L'Administration des habouss a perçu pendant le dernier exercice environ 1.500,000 piastres, soit en chiffres ronds un million de francs. Cette somme a servi à faire face à tous les frais du culte musulman en Tunisie, à rétribuer tout le personnel des tribunaux religieux et de nombreuses écoles, et à entretenir l'hôpital arabe de Tunis, pour ne parler que des principales institutions soutenues par les habouss. Ils ont ainsi servi les appointements de près de 5,000 personnes, et ils ont en outre versé une somme de 441,950 piastres au budget de l'État pendant les quatre derniers exercices, ce qui représente une moyenne un peu supérieure à 100,000 piastres par an.

X

Bit-el-Mel

Le Bit-El-Mel (chambre de la finance) était autrefois le ministère des finances de la Tunisie, il en remplissait toutes les fonctions. Mais, depuis la création de la Commission Financière et plus récemment l'organisation de la Direction des Finances, ses attributions ont été réduites à fort peu de choses. Il n'est plus chargé aujourd'hui que de payer les obsèques des indigents musulmans et de fournir un supplément de traitement aux professeurs de la Djamaa-Zitouna, auxquels les revenus de la fondation qui leur est attribuée ne procuraient que des émoluments insuffisants. Pour faire face à ses dépenses, le Bit-el-Mel n'a pas d'autre ressource que le produit des successions vacantes et la part que la loi lui accorde dans les héritages où il vient en concurrence avec des personnes qui n'ont pas droit à la totalité de la succession, d'après le rite malékite, le seul admis en Tunisie dans les questions d'héritage. Ses recettes n'ont pas dépassé 40,000 piastres pendant le dernier exercice. Il ne peut conserver aucune propriété et doit faire vendre aux enchères les immeubles qui lui font retour.

XI
LA PROPRIÉTÉ FONCIÈRE
(Loi du 1er juillet 1885)

I.

Nécessité d'une Loi sur la Propriété immobilière

Les économistes, et, d'après eux, les lois et l'usage même, distinguent dans les richesses sociales deux éléments essentiels : les immeubles et les meubles. Mais la seconde branche de la fortune publique, la propriété mobilière ne se forme que par l'accumulation et la mise en œuvre des produits de la première. L'on peut donc affirmer que si la fortune mobilière l'emporte sur la fortune immobilière par la puissance de développement, l'immeuble reste néanmoins le point de départ, la source de toute richesse. Aussi, toutes les sociétés naissantes basent-elles leur prospérité économique sur la propriété foncière. Partout l'agriculture précède l'industrie ; c'est seulement lorsque les produits de la terre excèdent les besoins des populations, que l'industrie paraît, pour les transformer, que le commerce s'étend pour les échanger.

La Tunisie ne saurait échapper à cette loi. Durant la première période de son évolution, elle sera colonie agricole, offrant des ressources abondantes et variées aux cultivateurs qui sauront y consacrer leur intelligence, leurs forces, leurs capitaux.

La première condition de succès pour une entreprise agricole, c'est la stabilité du fonds sur lequel elle s'exerce. Soit que le propriétaire exploite lui-même ses terres avec ses propres capitaux ; soit que, conduit par les circonstances à recourir au crédit, il doive offrir son immeuble en garantie ; soit même qu'il ait à échanger ou à vendre ses biens, son intérêt le plus sérieux se résume en ceci : être en mesure d'établir promptement, sans frais et avec certitude, la solidité du droit de propriété. Celui qui croit pouvoir trafiquer d'un immeuble comme d'un objet mobilier, ignore évidemment tous les risques que peut lui faire courir son marché. Eût-il un titre parfaitement en règles antérieurement, il serait encore exposé à tous les procès, à toutes les évictions que le droit fait naître de faits, de circonstances que le titre peut, légalement, ne pas révéler.

Les améliorations agricoles ; la facilité des transmissions immobilières ; la possibilité, pour le cultivateur, d'emprunter à bas prix et à long terme ; et pour le capitaliste la sécurité des placements, la certitude du paiement à l'échéance, la réalisation facile du gage, en un mot le développement du *crédit foncier*, telles sont les nécessités primordiales qui imposent à une société l'édification d'un bon régime immobilier.

Que faut-il donc pour atteindre ce but : la constitution de la propriété foncière ? pour mettre à la portée de la colonie ce puissant instrument de prospérité : le crédit foncier ?

Réduit à son expression la plus simple, le problème se résout dans la proposition suivante :

Organisation pour les droits réels immobiliers d'un système de publicité complet et efficace ;

C'est-à-dire abolition des charges occultes qui grèvent les biens fonds : actions résolutoires en rescision ; hypothèques légales, menaces perpétuelles, causes profondes d'instabilité pour la propriété ;

Spécialité du gage hypothécaire ; détermination absolue et révélation obligatoire de tous les droits réels immobiliers;

Et comme conséquence, simplification des transactions ; suppression des contestations entre voisins ; rapidité, économie de la procédure en expropriation.

Dans cet ordre d'idées tout était à faire en Tunisie : l'insuffisance de la législation immobilière, fatale à la propriété arabe, frappe surtout les européens, habitués à trouver chez eux une sécurité plus ou moins complète dans les transactions. Le gouvernement tunisien, d'accord avec le gouvernement protecteur, devait donc chercher le moyen, sans blesser les intérêts des natifs, de mettre les colons ignorants de la langue du pays, peu familiarisés avec ses lois et ses usages, à l'abri de contestations qui auraient été une cause de ruine pour les uns, de découragement pour les autres, de discrédit pour la colonie (1).

Un rapide coup d'œil jeté sur les législations modernes ne pouvait le laisser indécis sur la voie où il devait s'engager.

Une loi générale, constante, régit toute la matière du droit de propriété. Elle peut se résumer en deux mots : « *La propriété se prouve par la possession.* »

En ce qui concerne les meubles, le principe n'est contesté nulle part : il est écrit dans tous les codes.

Quant aux objets qui ne sont pas transportables, et quant aux droits incorporels, les nécessités sociales impriment à la formule une légère modification : « La propriété se prouve par une inscription. »

Mais au fond le principe ne change pas. Par une fiction juridique, l'immeuble ou le droit incorporel est représenté par un titre sur lequel est *inscrit* le droit du propriétaire ; la possession du titre fournit la preuve du droit de propriété.

Il en est ainsi notamment pour les fonds d'Etat, pour les actions et obligations des sociétés, pour les propriétés ou parts de navires. Ces valeurs représentent, dans l'état actuel de la civilisation, une richesse incomparablement plus grande que la propriété foncière : elles ne sont pas considérées comme moins sûres ; elles ont l'avantage d'être toujours disponibles c'est-à-dire de pouvoir se transmettre, s'échanger rapidement, économiquement.

Pour mettre le titre à l'abri des fraudes, des falsifications, des pertes, il est d'usage de le déposer dans des archives ; l'ayant-droit reçoit un certificat, qui, au moyen d'une référence, lui permet de prouver qu'un titre déterminé est en sa possession.

La même loi gouvernant, au fond, la propriété immobi-

----

1. — Il n'est pas sans utilité de rappeler ici que la propriété foncière vécut en Algérie pendant seize ans dans une absence complète de sécurité. En 1846 seulement une commission composée d'Auditeurs au Conseil d'Etat fut chargée de vérifier les titres de propriété et d'homologuer ceux qui seraient reconnus valables.

lière, il serait logique qu'elle se manifestât extérieurement par les mêmes moyens. Toutefois, la propriété foncière n'est pas un objet défini comme un meuble ou même comme une créance. Dans un immeuble, il faut envisager deux choses : la consistance matérielle et l'état juridique. Le droit du propriétaire est sujet à des démembrements ; des charges variées en limitent l'étendue et en diminuent la valeur. Il n'est bien connu, il n'est susceptible d'estimation que si tous les démembrements, toutes les charges peuvent être révélées au moment convenable, si le propriétaire peut démontrer que l'immeuble n'est exposé à aucune revendication éventuelle.

De là la nécessité d'inscrire sur le titre de propriété tous les démembrements, toutes les charges qui peuvent être opposés aux tiers et de tenir ces inscriptions dans un dépôt public, où elles puissent être communiquées à chaque intéressé.

Le principe n'est ignoré d'aucune des législations modernes. Mais il n'a pas été développé partout avec la même rigueur; et suivant le degré de perfection acquis par le système d'inscription, la propriété foncière est devenue une valeur plus haut cotée dans les transactions, plus ou moins facilement transmissible, plus ou moins recherchée par les bailleurs de fonds ; en d'autres termes, le crédit foncier a plus ou moins d'ampleur et d'élasticité.

En Tunisie, l'immeuble se trouve représenté par un titre, et la possession de ce titre fait présumer que le détenteur est investi du droit de propriété. Mais la consistance de l'immeuble n'est indiquée d'une manière précise ni par le titre, ni par un plan ; le titre même au lieu d'être rédigé en deux originaux dont l'un reste dans un dépôt public, consiste en une série de mentions faites sur un document unique remis au propriétaire. C'est là, on n'en peut douter, le motif qui, trop souvent, permet des altérations, des substitutions de titres ; qui oblige le propriétaire à se dessaisir de son titre, à le livrer en gage, s'il contracte un emprunt ; qui enlève aux tiers la possibilité de se renseigner sur les droits réels immobiliers ; qui réduit la propriété à l'état précaire où elle est tombée aujourd'hui.

Pour se convaincre de la validité d'un titre, il faut examiner avec soin chacun des actes qui le composent; s'assurer de la capacité des personnes qui y ont concouru ; c'est un travail long, délicat, que quelques praticiens indigènes sont seuls en état de faire avec succès, et qui, même dans ces conditions, n'offre pas encore toute garantie ; car il est impossible de certifier que l'une des personnes ayant eu des droits sur l'immeuble ne les a pas aliénés ou hypothéqués.

La publicité des droits réels n'existe pas en Tunisie;

Le crédit foncier n'y est pas encore né.

En France le principe de publicité, méconnu par le droit romain, s'était maintenu jusqu'aux temps modernes, dans les coutumes de « nantissement ». La Révolution devait l'étendre à toutes les provinces. La loi du 9 messidor an III constitue en ce sens une tentative remarquable. Celle du 11 brumaire an VII mettait en lumière un nouveau principe : celui de la spécialité l'hypothèque, qu'elle associait au principe de publicité.

Le Code Civil, sans répudier positivement les progrès acquis, y apporta maintes restrictions, admettant des hypothèques et des privilèges généraux, des actions résolutoires et des causes de rescision qui atteignent l'immeuble même aux mains du tiers acquéreur ; multipliant les hypothèques occultes ; n'exigeant même pas la transcription pour la validité des transactions au regard des tiers. La loi du 23 mars 1885 s'est en vain efforcée de remédier à ces inconvénients.

En France le titre de propriété n'est pas un document unique; il se compose de toute la série des actes constatant soit une mutation, soit l'établissement d'une charge sur une propriété. Parmi ces charges, les unes dérivent de la volonté des parties, les autres de la loi ; quelques-unes sont spéciales, d'autres sont générales ; tantôt elles découlent de la convention visant spécialement un immeuble, tantôt elles résultent simplement de l'état des personnes qui possèdent le fonds.

On ne peut donc se rendre compte de la situation d'un immeuble qu'en rapprochant tous les actes et tous les faits qui se sont produits relativement à cet immeuble, en étudiant la capacité de chacune des personnes qui ont pu avoir des droits sur la terre, depuis trente ans au moins, et souvent depuis bien plus longtemps, la prescription trentenaire étant fréquemment interrompue.

Ces recherches sont difficiles, coûteuses ; ceux qui les négligent sont fatalement exposés à la ruine ; les trop fréquentes catastrophes qui ont atteint les sociétés formées pour faire des prêts hypothécaires en sont une preuve évidente. Ceux qui exigent un examen scrupuleux des titres ou qui cherchent seulement la probabilité de la libération de l'immeuble, tels que le Crédit Foncier de France, sont amenés à repousser la plupart des demandes d'emprunt, et à raison des dépenses que nécessitent ces préliminaires, ne peuvent jamais consentir de prêts à la petite propriété.

La contenance des propriétés semble, à première vue, pouvoir être facilement établie au moyen du cadastre; mais ce document déjà ancien et que l'on a négligé de tenir au courant des modifications journalières de la propriété, n'offre aujourd'hui aucune corrélation avec les titres, et n'est d'aucun secours dans les contestations de limites qui se multiplient entre voisins.

Dans ces conditions, la publicité des droits réels est trop restreinte, la certitude fait défaut aux titres de propriété ; le crédit foncier ne peut sortir de l'état rudimentaire où il se maintient depuis un siècle, malgré les tentatives de réformes, malgré les efforts de banques spéciales.

Il est au contraire largement développé dans les contrées où a progressé le principe de publicité basé sur l'inscription obligatoire de toutes les transactions immobilières, notamment dans les États de l'Europe centrale, et dans les colonies australiennes, d'où le système Torrens tend à se répandre dans les vastes possessions britanniques et gagnera prochainement l'Angleterre elle-même (1).

_____

1. Un projet de loi pour la formation de livres fonciers en Angleterre a été déposé par le Lord Chancelier le 28 février 1888.

II.

Principes de la loi tunisienne du 1er Juillet 1885

Le régime qui donne à la propriété une assiette inébranlable dans ces vastes et riches régions, ne peut manquer de la lui assurer aussi en Tunisie.

Fixer définitivement la condition juridique de chaque immeuble ; en déterminer la consistance matérielle dans des documents authentiques, mis à la disposition de tous les intéressés, voilà les conditions essentielles d'une constitution sérieuse de la propriété.

Maintenir ces documents en parfaite concordance entre eux et constamment au courant des modifications qui affectent la propriété, tel est le procédé qui doit permettre au propriétaire de justifier à toute époque de la situation de sa fortune inmobilière.

Confier à la justice française le soin de trancher toutes les difficultés relatives aux immeubles immatriculés, tel est le moyen de conserver dans leur pureté les principes déposés dans la loi, et d'étendre graduellement l'action des tribunaux français.

La loi du 1er juillet 1885 réunit dans un texte unique quelques dispositions conservées des coutumes locales, et les nombreuses formules empruntées au Code Civil français, le tout adapté aux idées modernes dont les législations étrangères ont définitivement consacré le succès.

L'adoption du nouveau régime a deux conséquences immédiates : elle fait passer les immeubles de la loi musulmane qui les régit actuellement sous la loi française rajeunie, et de la juridiction des tribunaux indigènes à celle des tribunaux français. Les deux effets sont inséparables et définitifs. Dans le système récemment inauguré, la législation et la compétence immobilière sont déterminées non par la nationalité des plaideurs, mais par la qualité de l'immeuble ; la propriété foncière ressortit d'une manière irrévocable à l'une ou à l'autre juridiction, à l'une ou à l'autre législation, suivant qu'elle remplit ou non certaines conditions déterminées.

Les avantages du système sont assez manifestes pour qu'il n'ait pas paru nécessaire de la rendre, dès le début, obligatoire. Le changement de législation et de juridiction est donc facultatif. Il n'existe, jusqu'à présent, d'autre exception à cette règle que pour les immeubles vendus à enzel, c'est-à-dire moyennant une rente perpétuelle, à des européens (1) par l'administration des biens habouss. Mais dans ce cas même, l'obligation résulte d'une convention arrêtée entre vendeur et acheteur et n'infirme en rien le principe.

Cette disposition a d'ailleurs un motif dont la portée dépasse l'intérêt privé du possesseur : elle a pour but de rendre à la circulation d'immenses et magnifiques domaines que l'ancienne législation immobilisait et stérilisait au plus grand détriment des fondations habouss et de la Régence ; l'enzel immatriculé devient disponible dans les mêmes conditions qu'une propriété ordinaire.

L'idée fondamentale de la loi est des plus simples.

L'immeuble considéré abstractivement, complétement dégagé de la personnalité du propriétaire, est représenté par le titre de propriété.

Toute convention relative à cet immeuble, quelle que soit la forme qu'elle revête, est sans valeur vis-à-vis des tiers, si elle n'est pas inscrite sur le titre suivant certaines règles déterminées.

Toute inscription, portée sur le titre dans les conditions requises, fait foi de son contenu, jusqu'à inscription d'une demande d'annulation ou de modification.

L'extension donnée au principe de publicité devait avoir pour conséquence la spécialisation des droits réels et l'abolition des charges occultes.

L'hypothèque légale est supprimée : mais pour ne pas laisser sans protection les droits des incapables, la loi y substitue une hypothèque forcée prenant rang à partir de l'inscription

_____

1. Le décret du 13 Chaoual 1305 (22 juin 1888) rend, dans ce cas, l'immatriculation obligatoire même pour les indigènes.

et susceptible d'être augmentée ou diminuée selon les circonstances et suivant des règles commandées par la prudence.

L'hypothèque judiciaire est abolie, ainsi que la plupart
des priviléges.

Aucune action en résolution ou en rescision non inscrite
sur le titre n'est opposable au tiers qui a traité de bonne foi
avec le propriétaire désigné par ce titre.

Enfin pour donner plus de garantie aux droits légitimes
qui viendraient à être lésés par suite d'une rigoureuse application de la loi, un fonds d'assurance affirme l'efficacité des recours au cas même où le débiteur principal serait insolvable.

III.

Exécution de la loi

La mise à exécution du système comporte deux ordres
d'opérations bien distincts : 1° l'établissement du titre ; 2° l'inscription des actes postérieurs à cette formalité.

1° L'établissement du titre n'est pas seulement la rédaction, en langue française, d'un document identique à l'acte
arabe qu'il doit remplacer. Le nouveau titre doit manifester
tous les droits réels, toutes les charges qui pèsent sur l'immeuble et dont la plupart ne figurent pas sur l'acte arabe. Il
est donc nécessaire de rechercher avec soin, à ce moment, toutes
ces charges ; de mettre tous les prétendants-droit en demeure
de faire connaître, avant la délivrance du titre, les réclamations qui, ultérieurement, ne pourraient plus être admises ; de
juger ces réclamations promptement, par une voie économique, et en dernier ressort, de telle sorte qu'elles ne puissent
renaître à l'avenir.

Les revendications peuvent se rapporter soit à la consistance matérielle de l'immeuble, soit à son état juridique. Il
s'ensuit que la purge comprend deux genres de travaux:
l'un plutôt matériel est confié au juge de paix et au service
topographique: il comprend notamment le bornage d'après

lequel est levé le plan ; l'autre purement technique, est l'œuvre du Tribunal Mixte.

Les détails de chaque opération sont précisés avec le plus grand soin par la loi. Les prescriptions indiquent surtout la préoccupation de porter les demandes d'immatriculation à la connaissance de tous les intéressés ; de ne laisser de côté aucun droit sérieux, et spécialement de protéger les incapables. Mais la publicité ayant été complète, ceux qui ont négligé de faire valoir leurs prétentions dans les délais fixés, seraient mal venus à se plaindre d'une décision qui pourrait leur paraître préjudiciable à leurs intérêts. La loi les prive de tout recours sur l'immeuble, leur laissant toutefois une action personnelle en dommages-intérêts.

Dès la réception du dossier, le Président du Tribunal Mixte désigne un juge-commissaire dont la mission est d'étudier les titres, de recueillir les informations nécessaires sur la capacité des parties, de vérifier l'origine de propriété, d'examiner si l'immatriculation ne lésera les droits d'aucun incapable ou d'aucun absent. Cette étude préliminaire est la partie la plus importante de la purge, en même temps qu'elle en est le travail le plus délicat. Du soin, de la méthode avec lesquels elle est conduite peut dépendre l'issue de l'instance, de même qu'elle peut préparer pour l'avenir, ou tarir dans leur source les actions en dommages-intérêts et les recours contre le fonds d'assurance.

Toute personne qui se croit lésée par la demande d'immatriculation ou par le bornage peut faire opposition non-seulement au moment de l'opération, mais durant un délai de deux mois à partir de la publication au *Journal Officiel* de la clôture du bornage. Passé ce délai, l'opposition serait frappée de déchéance.

La loi ne s'est pas préoccupée seulement de sauvegarder les droits des tiers: elle a cherché aussi, pour hâter les solutions, et dans un but d'économie, à simplifier la procédure.

Toutes significations, sommations, s'adressant aux parties ou faites à leur requête, doivent être faites administrativement, c'est-à-dire sans aucun frais. Le ministère des avocats-défen.

seurs et des huissiers est facultatif. Aucun droit de timbre ou impôt analogue n'a été institué pour les pièces de la procédure. Les plaidoiries se font par mémoires écrits. Cette garantie a paru nécessaire pour l'étude d'affaires pendantes entre parties et devant des juges de nationalités différentes. Les moyens exposés dans les requêtes peuvent néanmoins être développés verbalement à l'audience.

Lorsque la période d'instruction est close, que les parties ont été entendues, un rapport du juge-commissaire rappelle les faits, résume les débats, précise les points de droit, et, après délibéré, la cause est jugée par le tribunal.

La décision n'est subordonnée à aucun fait extérieur: elle ne peut être ajournée que si l'une des deux hypothèses suivantes se réalise: celle où la question de propriété aurait été, avant la demande d'immatriculation, engagée au fond devant une autre juridiction; et celle où les deux parties étant justiciables des tribunaux français, l'opposant porte le débat devant ces tribunaux. Dans l'un et l'autre cas, après jugement de la question de fond, la question spéciale de l'immatriculation revient au tribunal mixte.

Le requérant, de même que les opposants, ont toute latitude pour justifier devant le tribunal mixte la demande ou l'opposition. Si la demande est admise, le tribunal ordonne l'immatriculation. Si au contraire l'opposition semble fondée, l'immatriculation est rejetée, suivant le cas, partiellement ou en totalité. Il appartient alors soit au requérant de chercher à compléter, suivant la loi tunisienne, les preuves jugées insuffisantes, et de se présenter de nouveau avec un meilleur titre devant le tribunal mixte; soit à l'opposant de former à son tour une demande d'immatriculation.

Toute décision qui admet en tout ou en partie, une immatriculation, précise les droits réels existant sur la propriété, de manière à la faire rentrer dans les prévisions de la loi nouvelle; détermine les charges qui seront mentionnées sur le titre. Elle est définitive et sans appel.

L'exécution consiste uniquement dans l'établissement, par le Conservateur de la Propriété foncière, du titre de propriété relatif à l'immeuble ou à la partie d'immeuble immatriculée. Cette formalité constitue à proprement parler l'immatriculation.

C'est l'inscription, sur un régistre matrice, d'une description de l'immeuble rendue plus nette par l'annexe du plan dressé par le service topographique, de la nature du droit de propriété, des conditions auxquelles est soumis l'exercice de ce droit, des charges qui en restreignent l'étendue, ou limitent la disponibilité de l'immeuble.

Une copie exacte du régistre et du plan est dressée en même temps et remise au propriétaire.

2° La propriété est alors définitivement constituée. Tout droit qui eût pu la grever, mais qui n'a pas été constaté en temps utile ne porte plus sur l'immeuble (1). Il est transformé en une simple action personnelle. Le propriétaire a entre les mains une pièce authentique qui prouve son droit, et contre laquelle ne peut plus prévaloir aucune preuve.

Il ne reste plus pour perpétuer le bénéfice acquis au propriétaire, qu'à tenir le titre et le plan au courant des modifications résultant du jeu des transactions. La loi y pourvoit au moyen d'un système fort simple.

Elle pose en principe que tout fait ou convention qui modifie un droit réel immobilier, qui en change le titulaire, ou transforme une condition inscrite, donne lieu à la rédaction d'un acte qui est inscrit à la Conservation de la propriété foncière.

La sanction de cette disposition est le défaut absolu de validité, vis-à-vis des tiers, de la convention non inscrite.

Tout fait ou convention modifiant la forme ou l'étendue de l'immeuble, notamment la division, donne lieu à l'annulation du titre de propriété, et à la délivrance de titres et de plans nouveaux pour chacune des parcelles résultant du morcellement. Sur chacun des nouveaux titres sont reportées les charges qui s'appliquent à l'immeuble nouveau.

De la sorte chaque propriétaire a toujours en sa possession une image exacte et une description juridique de ce qui lui

1. Il faut faire une réserve en ce qui concerne les dépendances du domaine public qui sont dispensées de toute inscription.

appartient et n'a rien au delà de ce qui l'intéresse personnellement.

L'inscription s'opère de la manière suivante : celui qui la requiert dépose à la Conservation, avec la copie du titre, l'acte à inscrire, et un bordereau ou résumé reproduisant les dispositions essentielles de cet acte.

Aucune condition de forme ou d'authenticité n'est requise pour les actes. L'authenticité résulte seulement de l'inscription. Aussi certaines précautions sont-elles prises pour que les droits sérieux seuls soient admis à la formalité. Des dispositions sont arrêtées pour établir l'identité des parties, et le Conservateur doit s'assurer de leur capacité.

Pour garantir la conservation des inscriptions, la loi prescrit de copier le bordereau sur un registre, de le retenir ainsi que les actes, à l'appui du registre, et de remettre à la partie intéressée un duplicata du bordereau annoté de la date et du numéro de l'inscription.

Une inscription peut avoir trait soit à un fait qui modifie l'étendue des droits du propriétaire, soit à un fait qui atteigne simplement un droit réel déjà inscrit sans réagir sur le droit de propriété. Dans la première hypothèse, l'inscription est mentionnée sur le titre et sur la copie qui est ensuite restituée à l'ayant-droit. Au cas contraire, elle est seulement portée sur un répertoire où se groupent, sous le nom de chaque immeuble, tous les actes relatifs à la même propriété.

Ainsi la constitution d'une hypothèque réduit la valeur d'un immeuble : elle doit être inscrite et mentionnée sur le titre.

La subrogation, au contraire, ne modifie pas la situation du propriétaire de l'immeuble, bien qu'elle substitue un nouveau titulaire un précédent créancier hypothécaire. Elle doit être inscrite, mais il est inutile de la mentionner sur le titre.

Des tables alphabétiques permettent de retrouver chacune des conventions inscrites, soit d'après le nom du propriétaire, soit d'après le nom de l'immeuble.

Tous ces registres sont publics, c'est-à-dire que chacun peut, sans avoir à justifier d'aucun intérêt, s'en faire délivrer des extraits par le Conservateur. Il n'y a d'exception que pour le titre de propriété : le propriétaire seul doit obtenir copie, au moment de l'établissement du titre; il ne peut recevoir une seconde copie qu'en cas de perte, et sur l'ordre exprès du tribunal.

Tel est dans ses lignes essentielles le système inauguré par la loi du 1er juillet 1885. Il est facile d'en saisir les avantages.

Libérée de toutes charges occultes ou éventuelles, synthétisée dans un titre sommaire dont toutes les énonciations sont, néanmoins, appuyées sur des actes originaux, la propriété immatriculée prend un corps certain dont il est aisé d'estimer la valeur.

N'ayant plus à redouter de surprises quant à la contenance, d'évictions ou de revendications quant au droit de propriété, l'acheteur peut, sans hésitation, payer un prix plus élevé; le capitaliste, prêter une somme plus en rapport avec la valeur de l'immeuble ; sûr que sa créance est garantie par l'inscription, il n'exigera plus l'engagement du titre qui restera aux mains du propriétaire, soit pour être négocié, soit pour procurer à celui-ci un supplément de crédit.

La confiance renaît dans les transactions ; le crédit s'élargit, la concurrence des capitaux devient possible ; le taux de l'intérêt s'abaisse ; la purge des hypothèques légales disparaît, et avec elle les frais qu'elle entraîne, et qui se renouvellent, en France, à chaque mutation. La procédure d'ordre se réduit pour ainsi dire à une simple lecture du titre de propriété; le terrain est préparé pour un établissement de crédit foncier qui, n'ayant plus à courir les risques de gages aléatoires, peut prêter à la petite propriété à bas prix, à long terme, mettant à la portée des agriculteurs ce merveilleux instrument : la capitalisation des intérêts, qui lui permet de se libérer du capital au moyen d'annuités plus faibles que l'intérêt exigé pour les prêts ordinaires.

IV

Renseignements statistiques

Les opérations qui se concentrent à la Conservation de la propriété foncière se font à peu de frais.

Tout homme prudent et quelque peu habitué aux affaires pourra rédiger les actes et bordereaux d'inscription, sans réclamer le concours des officiers ministériels ; et lors même qu'il y aura recours, il bénéficiera pécuniairement de la simplification des formules et de la diminution des responsabilités pesant sur les rédacteurs d'actes.

La loi n'a été mise à exécution qu'à une date encore récente. La première décision d'immatriculation ne remonte pas à une année. Néanmoins toutes les phases de la procédure ont été expérimentées, et l'épreuve démontre de la manière la plus concluante que l'application ne donne lieu à aucune difficulté insurmontable.

Les demandes d'immatriculation déposées à ce jour (1) s'étendent à une superficie de 26,336 hectares, d'une valeur de 3,385,000 piastres. Dans ce chiffre figurent 3,238 hectares appartenant à des indigènes. 7,600 hectares évalués 1,290,000 piastres sont, dès à présent, immatriculés. Les frais de la constitution de la propriété, pour les affaires terminées ont été de 18,000 piastres, c'est-à-dire de 2 p. 37 (1 fr. 46) par hectare et de 1,43 pour cent de la valeur estimative.

Six propriétés vendues à enzel par l'administration des habouss et comprenant ensemble 2,611 hectares ont fait l'objet de réquisitions d'immatriculation, en exécution du décret du 23 mai 1886.

Les biens adjugés à des justiciables des tribunaux français par la même administration et qui seront prochainement soumis au nouveau régime immobilier, représentent plus de 2,000 hectares, répartis entre une centaine d'enzélistes.

Les frais d'inscriptions postérieures à l'établissement du

---

1. Tous les chiffres donnés ici se rapportent au mois de mai 1888.

litre de propriété n'excèdent pas en moyenne 0,30 à 0,40 0,0 des valeurs qui en font l'objet.

La loi du 1er juillet 1885 réalise la plupart de réformes qui ont été projetées en France pour améliorer le régime hypothécaire. Elle met la législation française à la portée non seulement des populations européennes qui se groupent sous le régime du protectorat, mais aussi des populations natives dont les conceptions juridiques et les mœurs ne se plient pas aux exigences du Code Civil.

En donnant au propriétaire foncier tout le crédit que sa propriété justifie, au prêteur un sûr moyen de connaître la fortune de son emprunteur ; au vendeur d'immeubles, la possibilité d'en toucher le prix sans retard ; à l'acquéreur, le pouvoir de se libérer avec une complète sécurité ; à l'agriculture, à l'industrie, des capitaux importants au prix d'un modique intérêt ; en diminuant le nombre des procès ; en préparant l'unité de juridiction immobilière, la loi de 1885 aura fait faire un grand pas à la colonisation, ouvert à la Régence une nouvelle ère de prospérité et justifié dans l'ordre des intérêts économiques les promesses du Protectorat.

XII

Armée Tunisienne

Antérieurement au règne du bey Ahmed-ben-Moustafa, il n'existait pas d'armée régulière en Tunisie. Les troupes irrégulières se composaient de *zouaoua* (infanterie) et de *hanéfia* (cavalerie). Les premiers étaient les descendants d'une fraction de la tribu de ce nom émigrée de Kabylie. Les seconds étaient des Turcs. En outre le souverain possédait une garde formée par les *spahis* et les *ambas*, qui remplissaient en même temps les fonctions de courriers et de gendarmes.

En 1837 le bey Ahmed obtint l'envoi d'une mission militaire française, qui fut chargée d'organiser une armée régulière sur le modèle des armées européennes. Dans le but de former des officiers instruits, une école polytechnique fut créée au Bardo en 1848; les professeurs étaient empruntés aux principales armées de l'Europe. Deux ans après, la direction de cet établissement fut confiée à un officier français, le capitaine Campenon (1). L'école fut licenciée en 1855. L'année suivante le lieutenant-colonel français Taverne fut chargé de la réorganiser. Il la dirigea avec distinction jusqu'à sa mort. Cette école militaire dura jusqu'en 1869, époque à laquelle elle fut supprimée par mesure d'économie.

L'armée tunisienne n'eut qu'une seule occasion de montrer sa valeur sur les champs de bataille. Elle figura avec honneur pendant la campagne de Crimée parmi les troupes alliées. Depuis l'établissement du Protectorat français en Tunisie, son rôle a été réduit à celui de garde d'honneur de S. A. le Bey.

Le service militaire est obligatoire en Tunisie pour les musulmans de 18 à 26 ans. Sont exemptés : les juges des tribunaux de Chara, les professeurs de la Grande Mosquée, les imams, certains fonctionnaires du Gouvernement, les gardiens des phares, les janissaires et les domestiques des consulats, les protégés des puissances étrangères, les nègres, les habitants de la ville de Tunis et les indigènes de certaines tribus de l'intérieur. Les étudiants de la Djamaa Zitouna, bien qu'astreints au tirage au sort, sont l'objet de dispenses annuelles, renouvelées aussi longtemps qu'ils restent à l'Université.

Les Caïds et les Cheiks sont chargés de préparer les listes de recrutement. Chaque année des Commissions, composées d'officiers français et d'officiers tunisiens, parcourent la Régence pour procéder aux opérations du tirage au sort. Ces Commissions font également l'office de conseils de révision et statuent sur les cas de réforme et les demandes d'ajournement. Les hommes sont inscrits sur la liste à l'âge de 18 ans. Ils y figurent jusqu'à 26 ans et prennent part ainsi à huit tirages successifs. Lorsque leur numéro les a désignés, ils sont incorporés et rayés de la liste. Ils sont libérés après deux ans de

---

1. Il a été depuis lors ministre de la guerre à plusieurs reprises.

service. Le remplacement est autorisé et les engagements vo-
lontaires sont reçus.

Le contingent annuel varie de 1700 à 1800 hommes. L'armée tunisienne ne comprend plus aujourd'hui que la garde
de S. A. le Bey. Elle se compose de quatre compagnies d'infanterie, de trois sections d'artillerie, d'un peloton de cavalerie,
et d'une section de musique. En outre un certain nombre de
marins sont mis à la disposition de la Direction Générale des
Travaux Publics pour être affectés au service des ports. L'effectif actuel de l'armée est de 786 hommes, officiers compris·
Le surplus du contingent, soit 1400 à 1500 hommes, est versé
chaque année dans le régiment français de tirailleurs et dans
celui de spahis qui font partie de la brigade d'occupation.

Le ministère de la guerre figure au budget de l'exercice
1305 pour 1,811,719 P. 97. Mais dans ce chiffre, un million de
piastres était prévu pour l'établissement des postes militaires
du sud que les troupes français ont récemment occupés. Pendant l'exercice 1304, les dépenses de ce ministère se sont élevées à 724,529 P. 57.

TROISIÈME PARTIE

— —

AGRICULTURE ET COMMERCE

I

Agriculture indigène

On verra au chapitre suivant, dans l'examen des différents objets qui composent le commerce d'exportation de la Tunisie, que les produits du sol y entrent pour 77 0,0. Ce chiffre suffit à démontrer le rôle immense que joue l'agriculture dans la vie économique du pays.

Cependant lorsqu'on a parcouru ses riches campagnes et vu à l'œuvre le cultivateur indigène, on a bientôt constaté que l'agriculture tunisienne n'est pas encore sortie de la période de l'enfance. Les instruments en usage, les procédés culturaux mis en œuvre n'ont probablement guère varié depuis l'époque romaine : ils ont plutôt dégénéré que progressé. L'organisation que l'agriculture a reçue depuis des siècles en rend d'ailleurs les progrès extrêmement difficiles.

Le petit propriétaire, cultivant lui-même son champ, est presque inconnu en Tunisie : on ne le rencontre que parmi les possesseurs de jardins plantés de légumes et d'arbres fruitiers. Le plus souvent les terres dépendent de l'Administration des Habouss ou appartiennent à de grands propriétaires qui habitent au loin et qui font exploiter par des locataires ou des métayers.

« Les locations, dit M. de Lanessan (1), ne sont faites d'ordinaire que pour un an, parfois pour deux ou trois années au plus. Le locataire n'a aucun intérêt à améliorer la terre de son propriétaire ; son insouciance à cet égard est si grande

1. *La Tunisie*, p. 15.

qu'il ne se donne même pas la peine d'arracher ou de couper les broussailles ; il les contourne avec la charrue, sans y toucher plus que si elles étaient sacrées. Si les broussailles sont formées de plantes que respectent les moutons, les bœufs et les chèvres, comme les jujubiers épineux et les lentisques, elles se multiplient à leur aise, envahissant chaque année une portion nouvelle du champ, qui ne tarde pas à être tout entier impropre à la culture. »

Le mode d'exploitation le plus employé par les propriétaires tunisiens est une espèce particulière de métayage dans laquelle le métayer ou plutôt le colon partiaire porte le nom de *khrammès*.

« Le khrammès n'est pas, comme on le croit souvent, dit M. Pascal (1), un ouvrier pris à l'année, moyennant une rétribution en nature ; ce n'est pas non plus le métayer, tel que nous le connaissons en France, avec ses nombreuses variétés, c'est un associé pour certaines cultures qui font l'objet de la *khremmassa* et en dehors desquelles il ne doit aucun travail au propriétaire du sol. Il suffit de lire avec attention le long et minutieux décret rédigé par le général Keir-ed-Dine, et qui est le véritable code de la culture en Tunisie, pour se faire une idée précise de cette forme particulière du colonat. Le khrammès laboure et ensemence avec les bœufs qui lui sont confiés et avec une charrue dont l'entretien n'est même pas à sa charge, une *méchia*, c'est-à-dire dix hectares de terre. Il prend part aux travaux de la moisson ; il bat la gerbe, met la paille en meules, et quand le moment est venu de porter le blé au silo, il reçoit pour sa peine le cinquième du blé récolté, après le prélèvement de l'impôt... Si la disette sévit, le propriétaire est tenu d'assurer au khrammès sa vie matérielle et lui doit pour cela, à titre d'avance et par mois, une *ouiba* de blé et un *sa* d'huile (41 litres de blé et 1,120 grammes d'huile). Si l'année est médiocre, si au lieu de la famine ce n'est que la gene, le khrammès s'adresse au propriétaire chez lequel il a une sorte de compte ouvert... On compte en général que dans

---

1. *La Colonisation en Tunisie.* Lettres à la Société des Etudes Coloniales, III p. 6.

une grande exploitation les avances s'élèvent en moyenne à 250 fr. par tête. Quand le khrammès change de maître, celui chez qui il entre rembourse à celui qu'il quitte ce qu'il restait lui devoir. Il change de créancier comme il a changé de terre... Le khrammès est toujours le débiteur du propriétaire chez lequel il cultive, et la loi dans ses duretés ne vise que cette situation. Ce n'est pas un serf, — l'article 25 du décret de Kheir-ed-Dine le définit un associé au cinquième, — c'est en fait un débiteur étroitement tenu et attaché au sol par sa dette. »

Les principales cultures sont les céréales, c'est-à-dire le blé dur et l'orge, et dans certaines parties de la Régence, l'olivier et les arbres fruitiers.

Les statistiques de sept Contrôles Civils (1), donnent pour cette partie de la Tunisie une surface de 58,712 méchias ensemencée en céréales et fixent à 5,755,836 le nombre des oliviers et à 36,587 celui des orangers et citronniers. Ces chiffres se décomposent comme suit :

TABLEAU N° 19

STATISTIQUE AGRICOLE

d'une partie de la Tunisie

CONTROLES	Nombre de méchias ensemencées	Nombre d'oliviers	Nombre d'orangers et de citronniers
Maktar.	3.798	45.972	»
Béja	3.024	1.661	200
Kairouan . . .	8.220	70.900	»
Le Kef.	12.560	74.193	»
Nabeul.	4.862	1.802.380	36.217
Sousse	26.248	3.619.223	170
Touzeur	»	111.501	»
Totaux . .	58.712	5.755.836	36.587

1. Il manque les chiffres des Contrôles de Tunis, Zaghouan, Bizerte, Souk-el-Arba, Sfax et Djerba.

Dans le sud de la Tunisie, la seule culture importante est celle du dattier. Elle n'est possible que dans les terrains irrigués des oasis sahariennes. Les eaux d'irrigation sont amenées jusqu'aux jardins dans des canaux ingénieusement disposés, à l'aide desquels l'arrosage s'effectue en moyenne deux fois par semaine. Le palmier se plante généralement en damier, en laissant entre les arbres un intervalle de 6 à 10 mètres. Ce sont des khrammès qui sont chargés de tous les travaux de culture, d'irrigation, de fécondation et de cueillette ; ils ne reçoivent pour tout payement que le huitième de la récolte des produits secondaires qui poussent sous les palmiers et quelques rares régimes de dattes. Deux khrammès suffisent en général pour les soins à donner à 800 palmiers. On compte dans le Djérid 102 espèces différentes de dattes ; les plus recherchées sont les deglat-en-nour. Presque tous les arbres fruitiers d'Europe sont cultivés dans les oasis ; mais le pommier et le poirier ne donnent que des fruits médiocres. L'abricotier et le pêcher atteignent au contraire une taille gigantesque, et ont des fruits d'une saveur exquise. Les orangers, les citronniers, les cognassiers poussent dans tous les jardins ; les oranges d'El-Oudian sont les plus estimées. La vigne croît avec une vigueur extraordinaire, enlaçant les palmiers et les unissant de ses guirlandes touffues. Les raisins blancs de Touzeur et d'El-Hamma sont renommés : certaines grappes pèsent jusqu'à cinq kilogrammes et mesurent 80 centimètres de longueur.

« Non compris dans cette énumération rapide, dit M. De Fleurac, à qui ces détails sont empruntés, on voit épars dans les oasis, comme dans un jardin d'essai, des arbres d'essences diverses rassemblés là comme par le caprice d'un collectionneur intelligent : c'est encore un des restes mourants de la grandeur des Arabes qui avaient transporté au Djérid, dans ces jardins merveilleux que nous voyons encore, toutes les essences d'arbres qu'ils avaient rencontrées de l'Orient à l'Occident dans leurs courses vagabondes. »

TABLEAU N° 20
STATISTIQUE DES DATTIERS

Gafsa	32.310
Lala	1.900
El Guettar	30.000
Tamerza	46.000
Touzeur	417.577
Nefta	387.705
El Oudian	212.971
El Hamma	73.698
Nefzaoua	280.377
Total	1.481.568

La production du Djérid seul dépasse 22 millions de kilogrammes de dattes, dont près de 900,000 kilogrammes sont de première qualité.

II
Agriculture européenne

Bien que la constitution de 1857 et les traités avec les puissances européennes autorisassent les étrangers à acquérir des immeubles dans toute l'étendue de la Tunisie, ils n'usaient autrefois de ce droit que dans l'intérieur des villes. Il a fallu l'occupation française et l'organisation du nouveau régime pour les engager à employer leur intelligence et leurs capitaux dans des entreprises agricoles. Si l'on excepte le domaine de l'Enfida dont l'acquisition a été l'une des causes des événements de 1881, et dont la possession n'a du reste été mise à l'abri des contestations que quelques années plus tard, on peut dire que lors de la signature du traité de Kassr-Saïd pas une seule exploitation rurale n'était entre des mains européennes. La prompte répression de l'insurrection, l'impulsion donnée à la réorganisation administrative du pays, mais surtout la richesse naturelle du sol qui frappait tous les visiteurs, attirèrent bientôt des colons. Dès l'année 1883, 1,000 hectares de terre furent achetés par des français ; en 1884 ces acquisitions s'élevèrent à 40,000 hectares et en 1885 à 30,000 hectares (1); elles ne se sont pas ralenties depuis lors. Une statistique établie au Consulat de France dans le courant de 1885 fixait à 178,109 hectares l'étendue des terrains de culture appartenant à ce moment à 43 propriétaires européens, presque tous français. On évalue en ce moment à 390,000 hectares la superficie du sol possédé par des européens, et M. Balut publie dans son *Annuaire Tunisien* de 1888 une liste de 175 propriétaires viticulteurs. On estime qu'en 5 ans il a été dépensé en Tunisie 12 millions de francs en améliorations agricoles (2).

TABLEAU N° 21

Statistique de l'agriculture européenne

dans cinq Contrôles Civils (3)

(Année 1887)

Nas des Contrôles	Etendue des propriétés appartenant à des colons français.	Etendue des propriétés appartenant à des colons d'autres nationalités.	Etendue totale des propriétés européennes.	Etendues plantées en vignes.
Béja	1.000	»	1.000	1 hectare
Kairouan. .	600	»	600	60 »
Le Kef. . .	4.500	»	4.500	31 »
Nabeul. . .	6.747	94	6.841	593 » (4)
Sousse . . .	122.100	228	122.328	260 »
Totaux.....	134.947	322	135.269	915 hect.

1. Discours prononcé par M. Cambon, Ministre Résident, aux réceptions des 1er Janvier 1885 et 1886.
2. Discours prononcé par M. Jules Ferry à la Chambre des Députés, le 10 Mars 1888.
3. Il ne faut pas perdre de vue que plusieurs Contrôles n'ont pu trouver place dans ce tableau, en particulier ceux de Tunis et de Zaghouan qui contiennent de grands espaces plantés en vignes.
4. D'après un recensement plus récent 667 hectares de vignes appartiennent à des européens dans le Contrôle de Nabeul.

Ces chiffres démontrent avec quelle rapidité la colonisation française, grâce aux capitaux dont elle a été assez heureuse pour disposer, a pris possession du sol tunisien. Elle s'est d'abord installée dans les plaines voisines de Tunis, à Mornag, à La Marsa, à la Soukra, à Négrine, où elle a trouvé dans les premières années des terres à bon marché et à proximité de la capitale. Puis elle s'est étendue le long des rives de la basse Medjerda et a commencé à remonter ses affluents. En même temps, elle prenait pied dans les plaines de Zaghouan et du Fas et dans celle de Soliman. Elle attaque en ce moment la presqu'île du Cap Bon et la Djendouba. Nos colons se répandent ainsi de tous côtés dans le nord de la Tunisie, apportant avec eux la vie et l'activité européénne dans des contrées qui depuis des siècles vivaient plongées dans la torpeur de l'indolence et de l'inertie.

C'est vers la viticulture que s'est porté dès l'origine presque tout l'effort des cultivateurs européens. M. Gastine, qui visita la Tunisie en 1886, comme délégué du Ministère de l'agriculture, pour étudier sur place les moyens les plus propres à prévenir l'invasion du phylloxéra, a constaté (1) que l'étendue du vignoble était de 2140 hectares(2) dont 1300 environ étaient dans leur première année de plantation, 550 dans la 2ᵉ, 250 dans la 3ᵉ et 40 hectares seulement atteignaient ou dépassaient l'âge de 4 ans. Il le divisait en 6 groupes principaux :

1° Le groupe de Mornag dans les terres argileuses, profondes et fertiles, mêlées de tufs calcaires, de grès quartzeux et ferrugineux et de sables, qui constituent le bassin inférieur de l'oued Miliane ; il comprenait 450 hectares, répartis en 8 ou 9 domaines, qui se faisaient remarquer par de magnifiques réussites « comme uniformité de reprises pour des vignes de première année, et vigueur de pousse, abondance de fructification des vignes de deux ans. »

2° Le groupe du Cap Bon, dans la plaine de Soliman, où 200 hectares répartis entre 6 propriétés étaient plantés « dans

---

1. Rapport à M. le Résident Général (*Journal Officiel Tunisien* du 16 Septembre 1886).
2. Il doit atteindre actuellement 3000 hectares.

des argiles plus ou moins consistantes. suivant l'abondance du mélange avec le sable », et dans les sables purs du littoral ;

3° Le groupe des environs de Tunis, réparti entre la Manouba, l'Ariana, la Soukra, la Marsa, etc.

4° Le groupe de la Medjerda, comprenant les vignobles d'Utique, de Sidi-Tabet, de Djedeïda, Chouïggui, Bordj-Toum, Oued-Zarga et Souk-el-Khemis ;

5° Le groupe de Zaghouan « dans une plaine argileuse, couverte de lentisques », où de profonds défoncements sont nécessaires;

6° Enfin le groupe de l'Enfida, planté « dans des argiles assez souples, parfois sableuses, et dans des terres rouges ferrugineuses et siliceuses » et possédant déjà un vaste cellier, « le premier établissement de cette nature qui ait été construit en Tunisie. »

On lira avec intérêt les conclusions d'un aussi éminent agronome sur l'avenir viticole de la Tunisie.

« De cette revue rapide, dit-il, se dégage un double fait:

« D'abord l'extrême abondance des terres propres à la culture des vignes dans les meilleures conditions d'économie. Partout la charrue peut être employée, tant pour la préparation des terres, le défonçage, que pour la culture proprement dite. Les terres en coteau offrent des pentes douces, développées dans de longues vallées larges et ouvertes; elles équivalent comme facilité de travail aux terres de plaine. C'est donc à bon droit que l'on a dit que la Tunisie offrait un milieu presque partout favorable à la création des vignobles. Jusqu'ici la colonisation s'est principalement portée sur les sols défrichés qui permettaient à moins de frais l'établissement des plantations; mais dans les parties boisées de lentisques ou parsemées de jujubiers sauvages, que de belles positions à prendre au prix d'un surcroît d'efforts! Or le défrichement de ces dernières terres est infiniment moins coûteux que celui de bien des coteaux péniblement mis en valeur en Algérie. Le lentisque et même le jujubier sont d'autre part des obstacles faibles, si on les compare au palmier-nain des terres si fertiles de l'Oranais.

« En second lieu, l'entrain admirable des colons qui ont apporté dans ce pays leur énergie et leurs capitaux. Ce n'est pas en Tunisie que l'on pourrait trouver des arguments pour démontrer notre inaptitude à la colonisation, thèse soutenue avec une inconsciente ironie par les Français eux-mêmes, mais que les étrangers plus clairvoyants n'acceptent pas encore. Je ne crois pas qu'aucun pays nouveau puisse offrir le tableau d'une pareille activité. Or elle est toute française cette activité colonisatrice, car parmi les propriétaires qui ont quelque importance, on chercherait vainement des acquéreurs étrangers. Ce n'est pas seulement dans le domaine agricole qu'elle se montre, elle apparaît aussi dans les puissantes entreprises industrielles qui se rattachent aux produits de la région, céréales et huiles. Là encore, elle appartient exclusivement à nos nationaux, mais il incombe à d'autres que nous de faire ressortir le mérite de cette situation.

« La viticulture est certainement le but principal de tous les efforts des colons ; c'est dans la création des vignobles qu'ils ont concentré leurs moyens d'action, malgré les capitaux considérables que de pareilles entreprises immobilisent. Il faut reconnaître que cet apport de capitaux est le fait caractéristique de la colonisation en Tunisie, et la cause primordiale de son succès rapide. C'est à un mouvement dans le même sens que l'Algérie doit, depuis quelques années, son remarquable essor ; mais combien différents ont été les débuts, lorsqu'on pensait pouvoir opérer administrativement le peuplement de notre colonie, en donnant des concessions de terrain à des colons, le plus souvent ignorants et sans moyens d'action. Bien peu ont survécu à ces temps difficiles, et si la sélection a produit de ce fait un noyau de population dont on admire aujourd'hui l'énergie et la volonté, il faut avouer qu'en fin de compte les entreprises de l'origine offraient trop de difficultés pour être renouvelées incessamment. Ce n'est qu'au moment où les capitaux ont commencé à croire au succès, que l'essor colonial s'est développé par l'appui indispensable qu'ils ont fourni. La Tunisie a profité dans ces derniers temps, plus encore que l'Algérie, de cette confiance désormais établie. On ne saurait trop attirer l'attention de l'épargne, si souvent déçue en France par des songes financiers, sur l'avenir agricole de notre colonie d'Afrique et de son annexe naturelle, la Tunisie. »

Si la viticulture, par les séduisantes promesses qu'elle fait briller aux yeux des colons, a réussi jusqu'à ce jour à accaparer presque exclusivement leurs capitaux et leurs efforts, il ne faudrait pas croire pour cela qu'elle leur offre seule des prospectives de succès. Le sol de la Régence se prête à un grand nombre de riches cultures que les indigènes pratiquent depuis des siècles, mais qui n'ont pu entre leurs mains indolentes atteindre le degré de développement et de perfectionnement auquel les amèneraient facilement l'intelligence et l'activité de nos compatriotes.

Sans entrer à cet égard dans des détails techniques qui exigeraient une compétence spéciale, il suffira d'une rapide énumération pour permettre au lecteur de se faire une idée de la variété des ressources agricoles de la Tunisie et du vaste champ qu'elle ouvre à la colonisation française.

On peut, à ce point de vue, diviser le pays en quatre régions principales :

1° La région du littoral nord et du cap Bon. Elle est caractérisée par l'olivier, la vigne et les arbres à fruits (oranger, citronnier, mandarinier, grenadier, etc.)

2° Les vallées de la Medjerda, de l'Oued Miliano et de l'Enfida. Les Arabes y cultivent les céréales et dans quelques parties l'olivier et les colons français la vigne.

3° Le Sahel. C'est le pays de l'olivier. Sa culture est restée jusqu'à présent entre les mains des indigènes qui vendent leurs récoltes aux négociants et aux industriels européens établis dans les ports de la côte.

4° Les massifs montagneux du nord et du centre. Leur principale ressource est l'élevage qui n'est encore pratiqué que par les indigènes.

III

Conditions du commerce. — Droits de douane

« Les lois françaises sur les douanes ont servi de bases aux dispositions du décret organique du 3 octobre 1881 relatives aux importations. Les introducteurs sont tenus de faire, par écrit et en français, une déclaration détaillée sur des formules dont le coût est d'une caroube (environ 0 fr. 01). L'inexactitude dans la déclaration est punie de l'amende et de la confiscation, et même de l'emprisonnemept, s'il s'agit de marchandises prohibées ; il en est de même pour les cas de contrebande. Les importations par la voie de mer sont soumises à certaines formalités. Les capitaines des navires de commerce sont tenus de communiquer leur manifeste à la de ane et d'en déposer la copie. Le service de la douane peut s'assurer de la régularité de ces pièces en visitant le navire en présence du consul de la nation à laquelle il appartient, ou lui dûment convoqué. L'omission du dépôt du manifeste ou l'inexactitude de ce document ou de sa copie sont punies d'amende, sans préjudice de la confiscation du bâtiment lorsqu'il fait la contrebande.

« Les importations par la voie de terre et de mer ne peuvent avoir lieu que par les points de la frontière nominativement désignés par le décret du 3 octobre 1886 (1), sous peine d'être considérées comme faites en contrebande.

« Le transport des marchandises à l'intérieur de la Régence s'effectue librement. Lorsque ce transport emprunte la voie maritime, l'expéditeur doit en faire la déclaration détaillée au bureau du port d'embarquement ; s'il s'agit de marchandises étrangères pour lesquelles les droits d'exportation ont déjà été acquittés, elles sont accompagnées d'un

1. Ce sont les ports de Tabarka, Bizerte, Tunis, La Goulette, Galipia, Hammamet, Sousse, Monastir, Mahedia, Sfax, La Skira, Gabès, Zarzis et les ports de Djerba (Houmt-Souk, Aghim, Aghir et El Kantara), et les bureaux de la frontière de terre de Kabouch, Bordj-Hamman, Ghardimaou, Sakiet Sidi Youssef, Ouled Bou Ghanem, Haydra, Gafsa, Touzeur, Nefta et Loubira.

certificat le constatant ; ce certificat est remis au bureau de douane du port destinataire ; quant aux produits naturels ou fabriqués de la Régence, ils ne sont admis à cette circulation par cabotage qu'après consignation des droits d'exportation afférents à ces marchandises. La réexportation dans le délai d'un an après leur introduction des marchandises étrangères permet le remboursement des droits d'importation. à condition que les ballots ou colis n'aient pas été ouverts, et que les marchandises aient été entreposées dans un magasin agréé par la douane ; passé le délai d'un an, les droits d'exportation sur les marchandises ainsi reconnues et destinées à être réexportées ne sont pas perçus, mais il n'y a plus lieu à restitution des droits d'importation.

« Enfin le bénéfice du transit est accordé aux marchandises étrangères par la voie ferrée reliant la Régence à l'Algérie, moyennant déclaration préalable, paiement d'un droit de plomb fixé à une piastre (environ 0 fr. 60) et consignation du montant des droits d'importation (1) ».

Les droits d'importation sont fixés d'une façon générale à 8 0.0 de la valeur de la marchandise importée. Certaines dérogations sont cependant faites à cette règle.

Les articles suivants sont admis en franchise : les céréales (blé, orge et maïs), les instruments et machines agricoles importés par les propriétaires pour leurs propres exploitations, les bestiaux et animaux vivants destinés à l'amélioration des races indigènes dans les mêmes conditions, les pierres meulières, les livres. brochures et journaux, l'or et l'argent en lingots, les appareils de sondages. Est prohibée d'une façon absolue l'entrée des armes et munitions de guerre, du nitrate de soude, du salpêtre et du soufre, du kif, du chira et du hachich, du sel et du tabac, et enfin des ceps de vigne ou sarments, des fruits et légumes frais (2), des plants d'arbres, arbustes et végétaux de toute nature, feuilles de vigne même

---

1. Rapport de M. Paul Cambon, Résident Général de la République Française, sur les douanes tunisiennes, p. 5.

2. Les pommes de terre sont cependant admises, moyennant le payement du droit de 8 0|0.

employées comme enveloppe, raisins de table et de vendange, marcs de raisins et tous débris de la vigne, échalas et tuteurs déjà employés, engrais végétaux, terres, terreaux et fumiers (1).

Certains articles de bijouterie payent un tarif réduit :

Les dorures fines au titre de 750 00,00 et au-dessus, le corail et l'ivoire brut . . . . 3 0,0 ad valorem

La bijouterie en argent et l'horlogerie argent et cuivre. . . . . 1 0,0 »

La bijouterie en or et l'horlogerie en or 1/20,0 »

» montée avec pierres précieuses. . . . . 1/10,0 »

Enfin les vins et spiritueux sont assujétis à un droit de : . . . . 10 0,0 quand ils sont adressés à un négociant, et de 3 0,0 seulement, s'ils sont destinés à la consommation d'un particulier qui ne fait pas le commerce du vin.

Les formalités imposées par la loi pour les exportations sont analogues à celles qui ont été indiquées plus haut pour les importations.

« La sortie des marchandises doit s'effectuer par les points de frontière pourvus d'un bureau de douane ; toutefois l'administration peut délivrer des autorisations spéciales dérogeant à cette règle. En outre les capitaines de navires ne peuvent sortir d'un port de la Régence sans faire viser leur manifeste de chargement par le service douanier. Ces déclarations et manifeste sont naturellement vérifiés et contrôlés. Toute fausse déclaration entraîne la condamnation à l'amende et à la confiscation des marchandises. Tout fait de contrebande expose en outre à la saisie des moyens de transport, sans préjudice de toutes autres peines qui pourraient être encourues, notamment s'il s'agit de la sortie d'objets prohibés à l'exportation (2) ».

---

1. Ces interdictions sont motivées. soit par une raison de sécurité générale, soit par l'existence de monopoles, soit par la défense des vignobles tunisiens contre l'invasion du phylloxéra.

2. Rapport sur les douanes tunisiennes, p. 21.

Depuis l'établissement du Protectorat, les droits d'exportation ont subi de notables diminutions résultant des nombreux décrets sur la matière publiés au *Journal Officiel Tunisien*. Le tableau N· 22 indique ces droits tels qu'ils sont fixés par la législation en vigueur à l'heure actuelle.

TABLEAU N· 22

TARIF DES DROITS D'EXPORTATION
(Octobre 1888)

NATURE DES PRODUITS	UNITÉS	DROITS P.	C.
Amandes en coques	100 kgr.	10	6
» sans coques	»	31	»
Anes	Tête	3	1
Bœufs	»	12	2
Beurre frais et salé	100 kgr.	41	8
Boutargue et thon	»	10	6
Bouvillons et tourillons	Tête	8	1
Chameaux	»	15	3
Chevaux de 4 ans et plus	»	30	6
Chiffons	100 kgr.	4	4
Cire	»	20	12
Citrons	Caisse de 200	»	4
Dattes { Degla	100 kgr.	22	10
Horra	»	8	10
B'ser	»	1	4
Gabès et autres	»	3	4
Eponges non lavées	»	31	5
» lavées	»	62	4
Figues sèches et raisins secs	»	4	4
Goudron	»	10	6
Graisse	»	10	6
Grignons	caffis	2	2
Halfa et diss	100 kgr.	2	2
Henna	»	6	6
Huile d'olives	»	20	10
» de grignons	»	6	6

NATURE DES PRODUITS	UNITÉS	DROITS	
		P.	C.
Laine en suint.............	100 kgr.	22	10
» bounetouf.............	»	26	10
» lavée.............	»	45	4
» filée.............	valeur	10 et 2 °/₀ sur le droit principal	
Miel................	100 kgr.	20	12
Mulets...............	tête	20	4
Moutons, agneaux, boucs et chevr.	»	1	1
Olives en saumure.........	100 kgr.	11	10
» fraîches des pays de kanoun	»	6	10
Os et cornes d'animaux.......	»	2	2
Peaux de bœufs, vaches, veaux, chevaux, chameaux, mulets et ânes.	»	12	8
Peaux de chèvres et chevreaux ...	»	20	12
» moutons et agneaux....	»	16	8
Pistaches.............	»	61	8
Poissons salés...........	»	1	10
Poils de chèvres et chameaux. ...	»	20	12
Poulains.............	tête	20	4
Poulpes..............	100 kgr.	20	2
Savons...............	»	8	10
Scories...............	»	2	10
Soude...............	callis kgr.	15	8
Tan (1)...............	100 kgr.	3	4
Taureaux.............	tête	10	2
Tissus de laine..........	valeur	5% et 2% sur le droit principal	
Veaux.............	tête	8	1
Femelles de tous les animaux....	—	exportation prohibée	

1. Les écorces à tan provenant de l'exploitation des forêts de l'Etat et accompagnées d'un certificat d'origine sont admises en franchise des droits à l'exportation. (Décret du 27 djoumadi-et-Tani 1305).

IV

Commerce d'exportation

Le tableau N° 23 ci-dessous présente les fluctuations du commerce d'exportation de la Régence depuis l'année 1875 :

TABLEAU N° 23

Valeur des marchandises exportées

de 1875 à 1887

DATES	VALEURS	
	Piastres	
Du 1ʳ juil. 1875 au 30 juin 1876	25.060.821	
» » » 1876 » » » 1877	19.641.037	Moyenne des six années 1875-1881 22.531.287 P.
» » » 1877 » » » 1878	13.010.418	
» » » 1878 » » » 1879	22.692.469	
» » » 1879 » » » 1880 . , ...	18.198.332	
» » » 1880 » » » 1881	36.554.646	
» » » 1881 » » » 1882	18.729.450	Moyenne des six années 1881-1887 30.686.827 Pias.
» » » 1882 » » » 1883	29.471.221	
» » » 1883 » » » 1884	30.903.422	
» » » au 12 octobre 1884 , ...	6.143.552	
» 13 oct. 1884 au 12 oct. 1885 (ex. 1302).	31.305.076	
» » » 1885 » » » 1886 (ex. 1303).	33.430.858	
» » » 1886 » » » 1887 (ex. 1304).	31.262.937	

A l'examen même superficiel de ce tableau, on est frappé de ce fait que dans la première période de six années (1875-1881) le commerce d'exportation subissait des variations brusques et souvent considérables, descendant de 25 millions de piastres à 19 millions, puis à 13, remontant à 22 pour s'abaisser à 18 et s'élever ensuite jusqu'à 36, tandis que dans la 2ᵉ période (1881-1887), un accroissement modéré mais continu et régulier se produit d'année en année, donnant la progression de 18, 29, 30, 31, 33 et 34 millions. Il n'est pas douteux que la série de bonnes récoltes dont la Tunisie a été favorisée pendant ces dernières années n'ait contribué dans une certaine mesure à cet heureux résultat. Mais il serait injuste de méconnaître l'influence exercée sur la situation économique de la Régence par le grand événement politique qui sépare les deux périodes : l'établissement du régime du Protectorat, en ramenant le bon ordre et la sécurité dans le pays, et en rassurant les intérêts, a incontestablement favorisé le développement des cultures et facilité l'arrivée des produits sur les marchés. Si l'on en doutait, il suffirait pour s'en convaincre de rapprocher la moyenne du premier groupe d'années, qui a compté de bonnes récoltes, soit 22,531,287 p., de la moyenne du 2ᵉ groupe 29,683,827 p.: l'avantage en faveur du dernier est de 7,152,510 piastres.

TABLEAU Nº 21

VALEUR DES PRINCIPALES MARCHANDISES D'EXPORTATION

NATURE DES ARTICLES	Moyenne des 5 années 1879-80 à 1883-84	Du 13 octob. 1884 au 12 octobre 1885	Du 13 oct. 1885 au 12 octobr. 1886
	Piastres	Piastres	Piastres
Huiles d'olives	11.663.802	10.298.528	8.139.410
Grignons	578.215	1.138.161	205.731
Blé	2.272.030	4.068.851	9.452.600
Orge	931.020	1.928.361	2.923.850
Légumes	401.816	695.962	392.400
Dattes	491.120	253.256	928.590
Tan	99.516	551.151	311.233
Halfa brut et ouvré	3.763.376	3.488.989	3.252.715
Eponges	1.516.180	2.196.561	1.530.000
Cuirs et peaux	991.819	1.191.116	1.105.610
Animaux de boucherie	685.561	389.370	318.511
Bétes de somme et de trait	43.822	148.170	90.634
Laine brute, lavée ou filée	1.090.646	816.999	701.880
Tissus de laine	779.282	1.840.081	1.426.516
Bonnets rouges	292.761	683.724	624.015
Cire	195.741	291.982	191.000
Poissons salés	91.250	179.628	178.725
Poulpes	59.272	149.677	6.135
Savons	172.513	328.567	336.835

Il ressort du tableau ci-dessus que l'article qui fait le principal objet du commerce tunisien d'exportation est l'huile d'olive, qui représente une valeur annuelle d'environ 10 millions de piastres ou plus de 6 millions de francs. Au second rang se présente le blé dont l'exportation varie suivant la récolte de l'année dans de notables proportions : du 1er juillet 1879 au 12 octobre 1886, le chiffre le plus élevé atteint par ce commerce a été de 9,815,000 piastres en 1880-1881, et le plus faible auquel il soit descendu a été de 113,000 piastres en 1882-1883. En troisième ligne arrivent les halfa, dont l'exportation, qui se chiffre par environ 3 millions de piastres chaque année, a dépassé 5 milions en 1880-1881.

Il faut citer ensuite quelques articles dont l'importance est moindre, mais est probablement appelée à s'accroître dans l'avenir. La Tunisie expédie à l'étranger pour un million et demi ou deux millions de piastre d'éponges, pour environ un million de piastres de cuirs et peaux et pour la même valeur de laines. Il y a lieu d'espérer que la suppression récente du monopole de la tannerie exercera une heureuse influence sur le commerce des cuirs. L'exportation des dattes a atteint en 1885-1886 près d'un million de piastres ; c'est le plus haut chiffre auquel elle se soit élevée depuis longtemps. La sécurité complète qui règne maintenant dans les oasis, en permettent aux malheureux cultivateurs de cette riche région de reprendre courage, ne peut manquer d'augmenter dans quelques années la récolte de ce fruit, toujours demandé sur les marchés d'Europe. Les amandes, les oranges, les citrons et les pistaches, qui ne figurent guère que pour mémoire sur les tableaux de douanes, semblent appelés à fournir un sérieux aliment au commerce, lorsque la colonisation sera sortie de période de la première enfance qu'elle traverse en ce moment. Il en est de même des vins qui pourront dans quelques années se joindre à ceux d'Algérie pour combler en partie le déficit des récoltes de France, si fortement réduites depuis l'invasion du phylloxéra.

Pour achever de fixer les idées sur le commerce d'exportation de la Tunisie, on a indiqué dans le tableau n· 19 la part proportionnelle qu'y prennent les diverses natures de produits, pour l'exercice 1303.

TABLEAU N° 25

Les produits du sol entrent dans l'exportation pour.	77 0/0
» » de l'industrie	7 0/0
» » animaux	7 0/0
» » de la pêche	5 0/0
» » d'origine diverse	4 0/0
Total	100 0/0

TABLEAU N° 26

RÉPARTITION DES EXPORTATIONS

entre les différentes nations

Exercice 1303 (1885-1886)

NATIONS	VALEUR des Marchandises Exportées	PROPORTION
Italie	15.187.774 P.	45 0/0
France	4.499.319 »	13 0,0
Angleterre	4.456.020 »	13 0/0
Algérie	3.603.416 »	10 0,0
Tripolitaine	2.901.065 »	8 0,0
Malte	2.122.815 »	6 0,0
Egypte	404.805 »	1 0,0
Turquie	103.092 »	
Espagne	96.735 »	
Grèce . . . . , .	53.787 »	
	33.430.858 P.	

L'Italie est donc la puissance qui achète le plus en Tunisie ; elle occupe cette situation de longue date (1), et les nou-

1. Il en était déjà ainsi en 1783 : Tunis avait expédié pour 1,158,500 livres à Livourne et seulement pour 815,487 à Marseille, d'après Desfontaines. (*Fragments d'un voyage dans les Régences de Tunis et d'Alger*, page 34).

veaux liens qui unissent la Régence à la France ne la lui ont pas fait perdre. La nation protectrice ne vient qu'en seconde ligne, avec l'infime proportion de 13 0/0. Ce fait serait inexplicable, en présence de l'énorme accroissement des importations de provenance française qui a suivi l'occupation, si l'on ne savait que, par une contradiction sans précédent dans l'histoire de la colonisation, tandis que la France dépensait près de 150 millions (1) pour établir sa prépondérance politique en Tunisie, elle persistait à fermer ses ports aux produits tunisiens en maintenant des droits de douane presque prohibitifs. Le jour où cette barrière aura été abattue, mais ce jour-là seulement, la France pourra jouir de tous les avantages commerciaux qui doivent être la conséquence des sacrifices qu'elle a su faire au moment opportun.

Les résultats de l'exercice 1301, qui ne sont encore connus qu'incomplètement, viendront selon toute probabilité confirmer ces appréciations. L'Italie, qui a élevé ses droits d'entrée sur le blé, l'orge et les huiles, a vu sa part dans les exportations de la Tunisie diminuer d'une manière sensible au profit de l'Algérie, sans perdre pour cela sa place au premier rang.

---

1. Louis Vignon. — *La France dans l'Afrique du nord*, p. 177.

V
Commerce d'importation

Le tableau N° 27 indique les diverses variations qu'a subies le commerce d'importation de la Régence depuis l'année 1875.

TABLEAU N° 27

Valeur des marchandises importées
de 1875 à 1887

DATES	VALEURS
	Piastres
Du 1er juil. 1875 au 30 juin 1876	20.538.026
» » » 1876 » » » 1877	14.318.576
» » » 1877 » » » 1878	17.168.747
» » » 1878 » » » 1879	21.566.799
» » » 1879 » » » 1880 . . , ...	19.600.536
» » » 1880 » » » 1881	26.790.892
» » » 1881 » » » 1882	37.530.435
» » » 1882 » » » 1883	44.942.556
» » » 1883 » » » 1884	46.607.747
» » » au 12 octobre 1884 , ...	9.760.558
» 13 oct. 1884 au 12 oct. 1885 (ex. 1302).	44.552.516
» » » 1885 » » » 1886 (ex. 1303).	17.496.736
» » » 1886 » » » 1887 (ex. 1304).	44.824.126

Moyenne des six années 1875-1881 19.983.572 P.

Moyenne des six années 1881-1887 44.325.691 Pias.

La remarque qui a été faite sur l'accroissement progressif et continu du commerce d'exportation depuis l'établissement du protectorat, peut s'appliquer également au commerce d'importation ; mais ici l'augmentation est beaucoup plus sensible. L'année 1880-1881, celle de la période 1875-1881 qui a vu arriver la plus grande quantité de marchandises, n'en a reçu que pour 26 millions de piastres, et elle a bénéficié du début de l'occupation française. L'année suivante, les importations s'élèvent subitement de près de 11 millions, dépassant 37 millions sous l'influence des nouveaux besoins qu'apportait avec lui le corps expéditionnaire. Mais dans les annnées postérieures, malgré la réduction des troupes à un effectif minime, l'élan subi par le commerce d'importation ne s'est pas ralenti. Les chiffres qui le représentent ont passé successivement à 44, 46 et 47 millions, c'est-à-dire à plus du double de la moyenne des 6 années précédentes, et à près du double de la plus forte de ces années. Désormais l'aliment factice qu'apportait au commerce la présence d'un corps d'armée nombreux a disparu. L'accroissement continu, caractéristique de la dernière période commerciale, est uniquement dû à la colonisation qui n'a pas tardé à se développer sur le sol tunisien, et à l'augmentation de la population civile européenne qui a été la conséquence de l'établissement du nouveau régime politique.

Si l'on rapproche les tableaux N° 23 et 26, on verra que pendant la période postérieure à l'Occupation, les importations l'emportent considérablement sur les exportations: l'écart est en moyenne d'environ 10 millions. Certaines personnes se sont préoccupées de cette situation et l'ont considérée comme un symptôme défavorable de l'état économique du pays. C'était méconnaître les conditions d'existence de toutes les colonies, obligées de recevoir à leur naissance de la mère-patrie une foule d'objets de consommation, qu'elles sont pendant longtemps incapables de produire elles-mêmes (1). Bien loin de regarder avec effroi le chiffre relativement élevé des importations, il faut s'en féliciter au contraire, car il est la preuve que la colonisation en Tunisie progresse normalement, puisqu'elle reçoit du dehors tous les objets sans lesquels elle ne saurait exister.

---

1. L'Algérie, colonie française depuis plus de 50 ans, est encore dans cette situation. L'Australie, qui peut passer à bien des égards pour le modèle des colonies, n'a pas échappé à cette loi générale.

TABLEAU N· 28

VALEUR DES PRINCIPALES MARCHANDISES IMPORTÉES

NATURE DES MARCHANDISES	1883-1884	1884-1885	1885-1886
Tissus de coton et de lin.	7.810.460 p.	9.076.043 p.	9.004.392 p.
» soie, soie grège et filée	3.537.870 »	1.061.316 »	1.321.964 »
» laine.	1.515.360 »	1.357.181 »	1.136.030 »
Vins et spiritueux	4.179.062 »	4.307.058 »	4.009.824 »
Denrées coloniales. . . .	3.763.960 »	4.015.770 »	3.810.073 »
Peaux, cuirs, chaussures.	1.251.680 »	1.768.630 »	2.104.459 »
Farines.	2.537.610 »	2.170.922 »	2.189.651 »
Comestibles et produits alimentaires	1.149.990 »	1.239.550 »	1.116.517 »
Fruits et légumes secs et frais.	1.723.020 »	1.029.815 »	969.327 »
Drogueries	1.374.600 »	1.439.709 »	1.068.924 »
Bijouterie et joaillerie . .	1.153.330 »	1.180.407 »	1.316.515 »
Articles de modes	365.000 »	1.093.872 »	879.297 »
Bois de construction. . .	1.068.650 »	966.972 »	1.283.611 »
Briques, chaux, marbres et pierres	1.619.030 »	1.419.262 »	1.401.004 »
Quincaillerie	1.255.050 »	1.267.527 »	1.138.456 »
Fers et autres matériaux bruts.	1.427.600 »	1.317.011 »	2.223.759 »

Ce sont les tissus de coton et les toileries qui font l'objet du commerce d'importation le plus considérable ; la Tunisie en achète de 7 à 9 millions de piastres chaque année. Au second rang se placent les vins et spiritueux, dont il entre dans la Régence pour environ 4 millions. Les denrées coloniales se chiffrent par une valeur à peu près égale. Les farines et les cuirs viennent ensuite : chacun de ces articles représente environ 2 millions de piastres. Les tissus de laine, les comestibles, les fruits, les drogueries, la bijouterie, les briques, la quincaillerie et les fers dépassent généralement un million de piastres. Les bois de construction et les articles de modes sont tantôt au-dessus, tantôt au dessous de ce chiffre. Un article qui a fait récemment son apparition sur les tableaux de la douane tunisienne, ce sont les machines et instruments agricoles : il y figure en 1303 pour 386,911 P., constatant la prise de possession du sol de la Régence par l'agriculture européenne.

Si l'on groupe par catégories les marchandises importées, on trouve pour l'exercice 1303 (1885-1886) les chiffres suivants:

TABLEAU N· 29

IMPORTANCE RELATIVE DES DIVERS PRODUITS IMPORTÉS

Marchandises destinées à l'habillement	17.181.932 p.	soit	36 0/0
Produits alimentaires	13.205.755	»	27 0/0
Matériaux de construction	4.776.890	»	10 0/0
Divers	12.329.159		
Total	47.496.736		

TABLEAU N· 30

RÉPARTITION DES IMPORTATIONS
Entre les différentes nations
Exercice 1302 (1885-86)

NATIONS	Valeur des marchandises importées	PROPORTION
France	21.011.955 P.	51 0/0
Angleterre	7.755.296 »	16 0/0
Italie	6.338.990 »	13 0/0
Malte	3.365.933 »	6 0/0
Autriche	1.512.699 »	3 0/0
Algérie	1.270.866 »	2 0/0
Turquie	859.637 »	
Belgique	771.615 »	
Tripolitaine	656.678 »	
Egypte	433.436 »	
Norvège et Suède	210.713 »	
Amérique	105.340 »	
Grèce	41.549 »	
Allemagne	26.007 »	
Suisse	9.908 »	
Russie	950 »	
Colis postaux	26.064 »	
	47.496.736 P.	

Il résulte du tableau ci-dessus que la France est le pays qui vend la plus grande quantité de marchandises à la Tunisie (1); elle occupe dans le commerce d'importation la place que son titre de puissance protectrice devrait lui assurer aussi dans celui d'exportation. Elle devance de beaucoup toutes les autres nations, puisqu'elle entre pour plus de la moitié (51 0,0 et 53 0,0 avec l'Algérie) dans le chiffre total. L'Angleterre, qui est au second rang, ne compte que pour 16 0,0. L'Italie, qui tient la tête quant aux exportations, n'arrive qu'en 3ᵉ lieu avec 13 0,0 seulement.

V I

Commerce général

TABLEAU N° 31

VALEUR DES MARCHANDISES IMPORTÉES ET EXPORTÉES
de 1875 à 1887

DATES	VALEURS	
	Piastres	
Du 1ᵉʳ juil. 1875 au 30 juin 1876	45.598.817	Moyenne des six années 1875-1881 42.528.549 P.
» » » 1876 » » » 1877	33.959.613	
» » » 1877 » » » 1878	30.209.165	
» » » 1878 » » » 1879	41.259.268	
» » » 1879 » » » 1880	37.708.868	
» » » 1880 » » » 1881	63.315.538	
» » » 1881 » » » 1882	56.259.885	Moyenne des six années 1881-1887 74.009.518 Pias.
» » » 1882 » » » 1883	74.413.780	
» » » 1883 » » » 1884	77.511.169	
» » » au 12 octobre 1884 , ...	15.904.110	
» 13 oct. 1884 au 12 oct. 1885 (ex. 1302).	75.857.622	
» » » 1885 » » » 1886 (ex. 1303).	80.927.594	
» » » 1886 » » » 1887 (ex. 1304).	79.087.063	

1. Au siècle dernier déjà, la France l'emportait sur l'Italie par le chiffre de ses importations en Tunisie: en 1783, Marseille avait expédié

Le tableau N° 31 fait connaître la marche suivie par le commerce général de la Tunisie (exportations et importations comprises) de 1875 à 1887 (1).

L'accroissement qu'a subi le commerce tunisien dans les six dernières années est encore plus frappant si l'on considère le commerce général. En effet l'année la plus forte de la période précédente, 1880-1881, année exceptionnellement élevée, a été continuellement dépassée depuis, sauf pendant l'année 1881-1882, et les derniers exercices atteignent presque au double de la moyenne du premier groupe de six années. La moyenne qui était antérieurement au Protectorat de 42 millions 528,519 P. a passé actuellement à 74,009,518 P.

En présence de constatations aussi satisfaisantes, il est impossible de ne pas reconnaître que l'occupation française et le Régime du Protectorat qui en a été la conséquence, ont eu une heureuse influence sur le développement des transactions commerciales en Tunisie.

TABLEAU N° 32
REPARTITION DU COMMERCE GÉNÉRAL
entre les différentes nations
Exercice 1303 (1885-86)

NATIONS	Valeur des Marchandises importées et exportées	PROPORTION	
France	28.544.274 P.	35	0,0
Italie	21.526.764 »	26	0,0
Angleterre	12.211.416 »	15	0,0
Malte	5.488.748 »	6,75	0,0
Algérie	4.873.312 »	6	0,0
Diverses	8.283.080 »		
	80.927.594 P.		

à Tunis pour 1,326,559 livres de marchandises et Livourne pour 907,514 livres seulement. (Desfontaines. *Fragments d'un voyage dans les Régences de Tunis et d'Alger*, p. 34).

1. Desfontaines évalue à 6,500,000 livres le commerce général de la Tunisie (importations et exportations comprises) en l'année 1783.

La part la plus forte dans le commerce général revient à la France qui y entre pour 35 0/0 et 41 0/0 avec l'Algérie. Ce résultat déjà encourageant permet d'espérer un avenir plus brillant encore pour le jour où les tarifs douaniers auront reçu les modifications que réclame impérieusement la situation de la Tunisie devenue pays protégé.

FIN.

ERRATA

——

Page 6 ligne 2, au lieu de « de l'est à l'ouest », lire : « *de l'ouest à l'est* ».

Page 128, au lieu de « le tableau N° 19 », lire « *le tableau N° 25* ».

TABLE DES MATIÈRES

ORIGINAL EN COULEUR
NF Z 43-120-8

www.ingramcontent.com/pod-product-compliance
Lightning Source LLC
Chambersburg PA
CBHW072105090426
42739CB00012B/2863